ラブホテル進化論◎目次

はじめに　9

イラストレーション　金　益見

はじめに

九州はラブホテルが多い!?

ある日、大学帰りに駅で見かけたポスターに私は息が止まった。

駅構内に張られた一枚のポスター。そこには、藤井フミヤがくつろいでいる写真と、「九州にはよその地図より♨マークが多い。なんか、ほっとする。」というコピーがあった。

その瞬間、私の頭に浮かんだことは、

「え!? 九州ってラブホテルが多いの??」

♨マークは本来、地図のうえで、ここに温泉がありますよと示すためのマークである。しかし戦後、♨マークが、温泉以外の風俗営業施設に乱用された時代があった。♨マークがくらげを逆さまにしたような形をしていることから「さかさくらげ」という隠語が誕生し、「温泉マーク」「さかさくらげ」というと、当時の「連れ込み旅館」だと認識されていた。そんな温泉マークの移り変わりを調べている真っ最中だった私は、そのポスターを見た瞬間、

「九州にはよその地図よりラブホテルが多い。なんか、ほっとする？　エエッ」

と、びっくりしたのである。それがいまでは、♨マークが本来の地位に戻っているらしいことを感じて、「♨」マークさん、よかったねと思った次第。

電車の中吊りに「ラブホ特集」

私がなぜラブホテル研究にこんなに夢中になったのか？　それは、ある情報誌の中吊り広告がきっかけだった。「○○ラブホ特集！」。見出しに大きく書かれた「ラブホ」という文字。私は、電車の中で恥ずかしくて赤面してしまった。ラブホテルって、あのホテルでしょ？　なんでこんなメジャーな情報誌に特集されてるの!?　驚いた私は周りの友人に聞いてみた。すると同年代の友人は「あー、最近特集されてるよねー。私もびっくりした」という意見がほとんどだった。しかし、後輩になると、「えー？　デートで普通にラブホ行くからですよ。ラブホ入ったからってエッチばかりするわけじゃないし！」という答えが返ってきたのだ。私はそこに

大きく反応した。ちょうど私の年代で、ラブホテルの価値観がガラリと変わったんだ！　そう思うと、ラブホテルをめぐる若者の意識の変化に、非常に興味が湧いた。

私は「カップルの空間を考察する」と題し、ラブホテルをテーマにした卒業論文を書こうと決めた。といっても当時の私は、ラブホテルを研究するなんてどうしても親に言えず、このタイトルはゼミ生みんなで知恵を絞って考えた、テーマをカモフラージュしたぼかしタイトルだ。やると決めた私は、夏休みを利用して、東京の大宅文庫や、国会図書館に通い詰めた。来る日も来る日もラブホテルの資料集め。新しいことを知る度に、胸がどきどきした。

例えば、一九七〇年代、ラブホテルは超デラックス化を迎える。ベッドはくるくる回り出し、のどかな田園風景に中世ヨーロッパの古城のような建物がどんどん出現した。変な仕掛け、変なベッド、変な風呂。今見ると、変だけれどもなんだか愛が感じられる……私は、この時期のラブホテルの資料を見るのが大好きだ。それは、そこに本気で「カップルの空間」を試行錯誤する愛すべき真面目な日本人の姿があるからだ。その時代、どんな風にベッドが動いたらエロティックか、朝から晩まで考えていた人がいたのだ。

「つまらなかったよ」

ラブホテルに関する資料をひとつ残らず見たいと考えた私は、建築史意匠論の大家、国際日本文化研究センターの井上章一先生を訪ねた。先生は『愛の空間』(角川選書、一九九九年)という著書の中で、詳細な文献をもとに野外からラブホテルに至るまでの「愛の空間」を考察されている。私の資料集めも井上氏の参考文献を元に行っていたが、どうしてもすべてを集められず、悩んだ結果、直接ご本人を訪ねてみることにしたのだ。研究会に参加してアポを取り、京都のホテルのロビーで待ち合わせをした。「上に部屋を取ってあるから」なんて言われたらどうしようと不安を感じながら、ご本人と対面。そんな心配は完全に無用で、井上氏は、ロマンスグレーの優しい物腰のおじさんだった。見ず知らずの学生に本当に優しく接して下さり、なんと、「私はもう使わないからいいよ」と『愛の空間』で使った資料を貸してくださった。

そして、それをもとに書き上げた卒業論文は、「見せてくれ!」という人が続出する超人気論文になった。サボってばかりで、ゼミの中でいつもビリを争っていた私が、教授にもダントツに褒《ほ》められて、なんと大学院に進むことになった。予想もしなかった人生の展開である。

実は母は、私が「まじめ」で「普通」の卒論に取り組んでいると信じていた。しかし、ここまで来たら言うしかないと母に思い切って打ち明け、大学院に進学することを許可してもらった。今では母は、私の「まじめ」なラブホテル研究の応援団長である。母には感謝している。

そして私は、井上氏にお礼と報告の手紙を書いた。勿論《もちろん》、出来上がったばかりの卒業論文も添えて……。

井上氏が私の卒論を読んだら、「すばらしい」と激賞されて、国際日本文化研究センターの職員に推薦されちゃうかもしれない！　などと考えていた数日後、研究会の飲み会で、先生にお会いすることができた。その時言われた言葉は、今でも忘れられない。

「君の卒論、私の書いたものをまとめただけでつまらなかったけど、大学院に進めてよかったね」

私は身体中が熱くなって、穴があれば本当に入りたくなった。私のやっていたことは、研究ではなく、資料集めと、資料整理だったのだ。ガーンである。自信は粉々に砕け散り、大学院に進んだことを後悔した。もともとそんな器じゃなかったのだ。

やる気がなくなった私は、とにかく要領だけはよかったので、なんとか修士論文を書き上げ、就職を考えた。

……そんなある日のこと、担当教授のご自宅に招かれた。

「益見《いっきょん》さん、博士課程に来ませんか？　そしてもう一度、ラブホテルの論文をきちんとまとめてみませんか？　君の足腰の強さは、研究者には欠かせない武器なんです。そして、ラブホテルは金塊のようなテーマだと思うんです。それを見つけた君は優秀な研究者に化ける可能性を秘めているよ」

悩んだ……。

数日間、悩み続けた私は、その時たまたま足を運んだノーベル物理学賞を受賞された小柴昌俊先生の講演会で、「私この先どうしたらいいですか？」と超個人的な質問をした。周りはみんな引いていたけれど、小柴先生は笑って、

「君はいいね。私の時代はそんなこと選べなかったよ。そんな幸せな悩み、どんどん悩みなさい」

とおっしゃられた。

私は悩みぬいた結果、博士課程に進み、もう一度ラブホテル研究にチャレンジすることにした。とにかく、資料集めや資料探しではない、自分だけのオリジナルなやり方を見つけたい！と思った。

「この電話番号はあるスナックにつながるから」

ところが、全然楽しくない。ラブホテルを調べても一度やったこと、もう知っていることばかりで、何にもわくわくできない。それでもここまで来たからには、もう引き返せない。そんなある日、資料探しに行ったリサーチ会社で、私はある人と出逢った。その人は、来客用の机で、資料を山積みにして長時間粘っている私に「君、学生？」と声をかけてきた。私は、突然話しかけられて驚いたものの、自分が研究でここに来ていて、どういうことを調べているのか

を説明した。

……するとその人は、

「それなら君、いい人紹介してあげるよ」

と、目の前でラブホテルの経営者の連絡先を幾つか教えてくれた。

「この電話番号はあるスナックにつながるから、ここでこういう名前を言うんだ。するとAさんにつないでくれるから。Aさんは大きなレジャーホテルの会長さんだったんだけどね、自己破産しちゃって、今はここに愛人と雲隠れしてんの」

「ここにかけたらね、女性のオーナーさんが対応してくれる。きれいな人だよ。きちんとした身なりで行って、気に入ってもらえたら、最後にこう言うんだ、お父様を紹介してください！　この人のお父さんは、ホテル業界では有名な建築士さんだったんだよ」

そんな風に、それぞれの人の攻略法を伝授してくれた。この業界の人は難しいからねと、次々とメモ書きが増えていく。私は、その時疑問に思ったことを素直に尋ねた。

「どうしてこんなに親切にしてくださるんですか？」

「君がこんなところまで来て資料を山積みにして調べてるのを見て、熱意を感じたのと……そうだね、君が最後の世代なんだ、おそらく」

「え？」

「今のレジャーホテル業界を築きあげてきた人たちの生の声が聞ける、最後の世代。この人たちは、どんなにお金を儲けてもどこか後ろめたい気持ちで生きてる。でもね、レジャーホテルはずっと世間に日陰に追いやられてきたけれども、立派な日本の文化なんだよ。それを君がきっちりまとめてくれるというなら、協力したいと思ったんだ」

「うちの息子と是非！」

燃えた。久々に。

私にしかできない、私だけのオリジナルを見つけた気がした。

そうして、私はもう一度、わくわくしながらラブホテルの研究を始めた。様々な経営者の方々に話を聞いてまわり、生の声を片っ端から集めた。父親と息子、二代にわたって話を聞いた時には、うちの息子と是非！　みたいな話がきたりした。

ある時は、うちのラブホテルのコーディネイターにならないかとのお誘いが来て、ふらふらしてしまい、教授に活を入れられた。

経営者だけでなく、警察や、漫画家、雑誌の編集者、様々な分野の方にインタビューして回った。そして、ラブホテルというものがいかにして生まれ、変化しながら成長し続けたのか、また、そこにある様々な人の思いを知った。

日本には、ラブホテルと呼ばれる摩訶《まか》不思議な建物がある。ラブホテルとは、宿泊もできる貸間産業の一つであり、おもにカップルが利用するための密室空間を提供している施設である。その時代その時代に合わせて多様に変化を遂げてきたラブホテルは、日本人の性に、日本の住宅事情にぴったりとはまり、目まぐるしい進化を遂げた。

ラブホテルは、決して日陰の存在ではなく、堂々たる日本の文化である。

私は本書でそれを実証したいと思っている。

第一章

あこがれのラブホテル

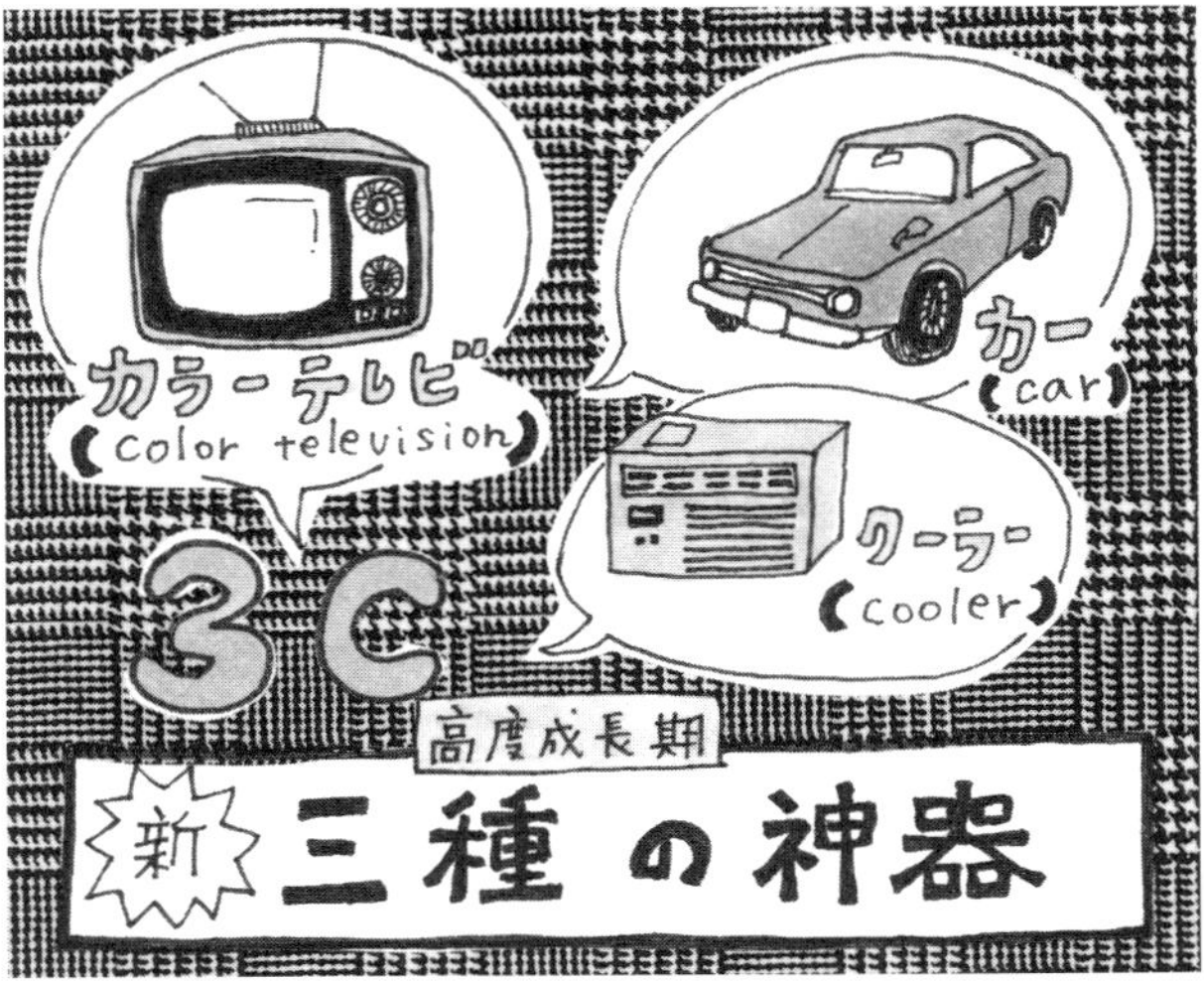

風呂あります

人々のあこがれが集まる場所――それがラブホテルである。

例えば戦後すぐ、連れ込み旅館の〝売り〟は風呂であった。水たまりで行水しているような人々にとって、風呂はあこがれの存在だったのである。「風呂あります」と書かれた看板に皆、長蛇の列を作った。

当時大阪で、〝連れ込み〟と呼ばれていた（看板に連れ込みと掲げていたわけではない）旅館を経営していた山下清海氏は、「とにかく儲かる。連れ込みは部屋と風呂さえあればいい。それでお客さんが並ぶくらい来るから」と、郷土（石川県）の仲間を誘ったという。

山下氏の誘いを受け、江前淳氏（江前商事株式会社代表、前・加能会会長）は、大阪の連れ込み旅館の状況を目の当たりにした。

「乾燥機もない時代やから、浴衣とタオルがずらーっとすごい数干されてて、こんなにお客さん入ってるんかとびっくりしました。大阪城の草むらなんかにはそこらじゅうアベックが転がってた時代やったからね、部屋が欲しかったんじゃない？　連れ込み行ったら風呂も入れるしね。昔は大家族だったから、家の中に仕切りもなにもないし、みんな川の字で寝るしね、住宅事情が大きかったんちゃうかな」

当時、大阪城の草むら同様、皇居前広場はアオカン（屋外性愛）のメッカとして有名な場所であった。また、夫婦であっても自宅で思う存分セックスすることは難しく、どこの家庭にも、セックス中に突然子どもが入って来た時のための枕屛風《まくらびょうぶ》があったという。風呂といっても共同風呂がひとつあるだけの旅館が、そこまで繁盛した大きな要因は、住宅事情や場所の問題が大きく関わっていたのであろう。

そんな中、日本の高度成長にしたがって、連れ込み旅館の〝売り〟も変化していく。モーテルや連れ込みホテルと呼ばれるようになり、新しく設置されたのは、テレビ、冷暖房、冷蔵庫などであった。

「家庭にないようなものが何かあるということは集客をする際に相当大きなインパクトになるでしょ？　その頃、バス・トイレ付きとか、テレビ付きとか、新しいものが入るとそれを宣伝として使ってたよね。なんでも新しくて必要だと思われるものを取り入れることによって宣伝効果が上がる。常にそれを繰り返すわけですね」

そう語るのは、モーテルにカラーテレビをいち早く取り入れた小山立雄氏（株式会社アイネシステム、アイネグループ名誉会長）である。

カラーテレビ、クーラー、カーの３Ｃが三種の神器と呼ばれていた一九六〇年代半ばに、小山氏は車で利用するモーテルを作り、全室にテレビを完備していたというのだから、当時のモーテルがいかにその時代の最先端をいっていたかということがうかがえる。

看板に見るあこがれの形

取材でホテル街を歩いていると、「全室冷暖房完備」という看板を掲げた昔ながらのホテルを見かけることがある。現在からすると、完備されているのが当たり前なので驚いてしまうが、まさに

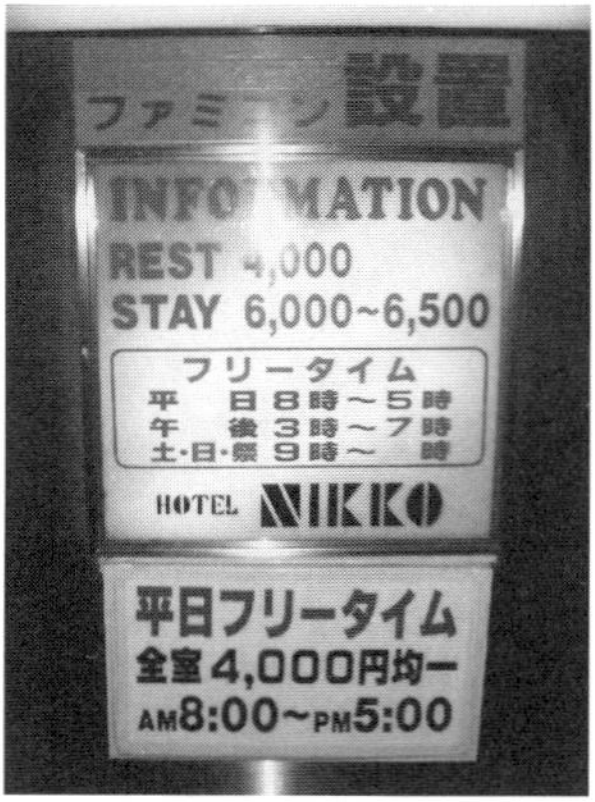

写真1

それが当時のホテルの売りであり、客の目を引く重要な要素だったのである。

看板で、そのホテルが何を売りにしているのかを探ると、そのホテルがいつ頃建てられたのか（または、リニューアルされたのか）が想像できる。

例えば写真1を見てほしい。このホテルでは、ファミコンを設置しているということを一番にアピールしている。ファミコンとは、一九八三年に任天堂より発売された家庭用ゲーム機「ファミリーコンピュータ」の略称であり、現在のテレビゲーム人気の火付け役となった、人気ゲーム機である。すなわち、このホテルは一九八〇年代前半に建てられた（またはリニューアルされた）ホテルで、当時人々のあこがれの的であったファミコンを設置することで客の目

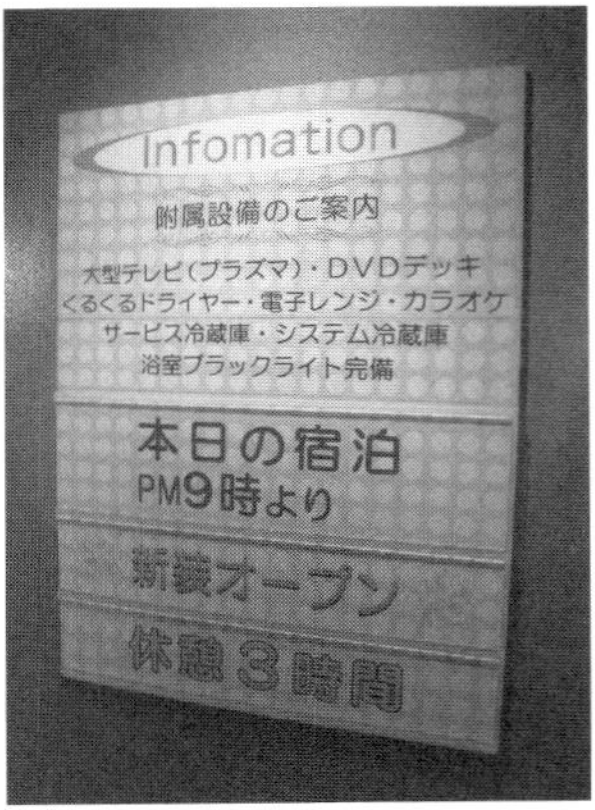

写真3

写真2

を引いていたということだ。

例えばこれが二〇〇〇年に入ると、写真2のようにプレイステーション2を大々的にアピールするホテルが誕生する。また現在では、任天堂のWiiを貸し出ししているホテルも増えてきた。

何もゲーム機だけではない。「全室カラーテレビ完備」という看板は、時代の流れと共に大型テレビ（写真3）、薄型テレビに変化し、現在では普通のテレビの他に、浴室テレビ、プロジェクター完備（写真4、5）というホテルも非常に多い。ラブホテルは、その時代その時代の最新設備をいち早く取り入れてきたのだ。

情報誌のチェック項目

ホテル側が次々と新しいものを提供すると、利用者の目も肥えてくる。そんな中、利用者の目と

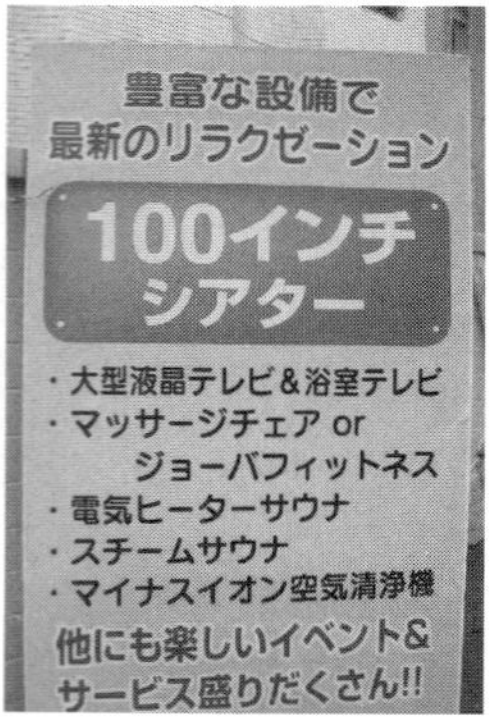

写真4

写真5

なって、ラブホテルの設備・サービスをチェックし、各ホテルの情報を発信したのが情報誌である。ラブホテルと情報誌の関係については後の章で触れるが、ここでは、ラブホテルが特集されるようになった初期の頃と、現在のチェック項目の違いを探ることで、人々の期待とニーズの変化を明らかにしたい。

まだまだ情報誌でラブホテルがあまり取り上げられていなかった頃に、はじめて情報誌に登場したチェック項目は九項目であった（写真6）。現在は別枠で記入されている、時間設定や料金、駐車場などの構造の項目を省き、純粋に設備またはグッズの項目だけを見てみると、カラオケ、テレビゲーム、アダルトグッズに絞られる。すなわちこの三点が、九〇年代半ばのラブホテルにおける三種の神器だったのであろう。

それでは、現在はどうだろうか。写真7を見てみると、もう三種の神器どころではない。設備・グッズのチェック項目は全部で二十八項目。このすべてを完備するのは、一流のシティホテルでも難しいのではないだろうか。見ると、人々の求める「あったらいいな」の設備のオンパレードである。

すなわち、現在のラブホテルにとって欠かせないものは、その時話題になっているものや、最新型の設備なのである。

ここで注目したいのは、いわゆるセックスをするために用意された空間が、宣伝効果をあげるために設備を充実させたことで、多目的空間に変化していったということである。時代のニーズにあわせて新しい設備やグッズをどんどん投入することで、ラブホテルそのものが、その

写真6　「ぴあ関西版」1995

アメニティ・設備

一部	バスローブ	全	ヘアドライヤー
全	入浴剤	一部	電子レンジ
レ	シャンプーリクエスト	一部	冷蔵庫
全	化粧水・乳液	一部	マッサージチェア
レ	化粧下地	全	カラオケ
全	クレンジング	全	TVゲーム
全	洗顔料	／	インターネット
一部	男性整髪剤	一部	DVDデッキ
全	女性整髪剤	全	BS・CS・CTV
¥	コンタクト保存液	一部	プロジェクター
全	ジェットバス	一部	プラズマ・液晶TV
一部	浴室テレビ	レ	携帯充電器
一部	サウナ	レ	コスプレ
全	空気清浄機	レ	まくらリクエスト

写真7　「デートぴあ関西版」2008

時代の人々のあこがれが集まる空間として確立していったのである。

生き残る術《すべ》

現在のラブホテルは、セックスをするためだけに用意された空間ではない。セックスをするだけなら、部屋に布団があれば充分だ。

そこに、BGMやアダルトグッズといったセックスを盛り上げるための装置が加わったというのなら、素直にうなずける。しかし、現在のラブホテルではむしろ、セックスに関係のないシステムの方が大変充実しているのである。なぜ、そうなったのであろうか。

理由はいくつか考えられる。後の章で詳しく触れるが、一九八五年に風俗営業等取締法の改正法（以下、新風営法）が施行され、回転ベッドや鏡張り、浴室の透明ガラスなどの扇情的な仕掛けや装置が禁止された。それによって、すけすけでエロエロな、一瞥《いちべつ》した瞬間興奮を掻《か》き立てるような装置を仕掛けることができなくなり、セックスと関係のないものを充実させるしか術がなくなったということである。

利用者のニーズの変化で、新風営法が施行される前からそういう流れもあったが、新風営法がそこに拍車をかけたというのは間違いないであろう。

そんな中、手を替え品を替えながら生き残っていったラブホテルは、セックスに関係あろうがなかろうが、設備投資を惜しまなかった。

ラブホテルは、軒数が増えるにしたがって、他のホテルとの差別化が必要になってくる。厳しい客引き合戦の中、互いにせめぎ合いながら設備やサービスを充実させていったということである。

最新設備をいち早く取り入れて人気を呼んでいる、ホテル経営者の西村貴好氏（株式会社西村専務取締役）が、その背景を説明する。

「ラブホテルの歴史っていうのは、装置産業、設備産業としての進化の歴史でもあります。家庭用として普及する前に、高価だけれどもみんなが持ってみたいというものが、まずラブホテルに導入されたという経緯があるんです。昔は『クーラーあります』『カラーテレビあります』っていうだけでお客さんがドッと来た時代があったんですよ。それが他のホテルとの差別化ということで。カラオケができる、ゲームがある……。リクエストビデオなんかも昔はアダルトだけだったのが、普通の映画、レンタルビデオ屋さんに置いているような映画を二人でホテルで観れるという風に、どんどん増えていきましたね。

基本的に新しい設備というのは設備会社が開発し、営業してるんですが、そういう設備は単独でやるとものすごいお金がかかるんですよ。だからシステム化して、そういう業者さんが売っています。今こんなん流行《はや》ってますよと、三点セットとか五点セットというようなセット売りなんです。リクエストビデオからカラオケ、ジェットバスまで、今求められる何点セットというのがあるんです。それで、ひとつがいるとなったら、一斉に入っていくという形になりますね」

西村氏によると、その時々の流行を設備会社が提案する形で、ホテルは最新設備を取り入れるという。時代によって移り変わる流行を、いち早くキャッチするのが、ホテルが生き残る術だったのだ。

ラブホテルに老舗《しにせ》は存在しない。

海外のホテルは、老舗というとアンティークな古い家具が味を出していて、歴史あるホテルという認識があるが、ラブホテルの老舗＝ただの古いホテルということになる。ラブホテルは、常に目新しいものを追い求める流行産業なのだ。

あこがれのホテル名

設備だけがラブホテルのあこがれを司っているわけではない。人々のあこがれは、そのネーミング、すなわちホテル名にも反映されている。

一九五〇年代から現在に至るまでのホテル名を調べ歩き記録している、漫画家の近藤利三郎氏によると、普通の旅館と混同されていた連れ込み旅館が、三、四階建ての本格的な建物を建てて開業し始めた一九五〇年代前半から、それまで「〇〇旅荘」や「〇〇家」「〇乃家」「〇〇荘」と名付けられていたものが、「〇〇御殿」「〇〇御苑」などに変わっていったという。

　連れ込み旅館が連れ込みホテルと呼ばれるようになり、外観も派手になっていくにしたがって、「エリザベス」「キングダム」「ロイヤル」「伯爵」「皇帝」「王冠」「王朝」などといったネーミングがどんどん出始めてくる。

　御殿や御苑同様、高い位を表すようなネーミングが多く用いられているのは、そこにあこがれを感じる人々の意識を反映させたものだと考えられる。

　その時々の話題性の高いもの、流行などもホテル名に取り入れられた。例えば一九七〇年に開催された大阪万博にちなんで、その頃、「ベニス」「アメリカン」「ナイアガラ」などといった、海外を意識したネーミングが流行った。

　また、一九七三年に「目黒エンペラー」が登場してからは、全国にエンペラーと名のつくホテルが次々と登場する。斬新な設備を次々と導入し、日陰の存在であったラブホテルを一気に全国に広めた「目黒エンペラー」は、多くのマスコミが取り上げ、「目黒エンペラーに行ってきたよ」ということが自慢になるほどの人気ぶりだった。

　異様とも思えるほどに同名のホテルが広がったのは（もちろん目黒エンペラーの系列店ではない）、まさに当時の人々にとって、エンペラーがあこがれのホテルであり人気のホテルだったからである。

また設備やシステム同様、ホテル業界はどこかが流行ると一斉にそれをそのまま真似するといった特徴を持っているというのも、ここまでの広がりを見せた大きな理由のひとつだ。

ラブホテルが女性の視点を意識するようになってきた一九八〇年代には、万博の時とはまた違う形で海外を意識したホテル名が流行る。その頃の状況を、近藤利三郎氏はこう語る。

「首都ホテルっていって、ロンドンとかパリとかね。あと、観光地のモンブランとかハワイとか。今みたいに、ばんばん女の子が海外旅行いける時代じゃなかったから、明るくてみんなのあこがれの国をホテルの名前にしたんや。フランスとか多かったね」

この傾向は、現在も続いている。玄子《げんご》邦治氏（玄子空間デザイン研究所代表）は、業界にバリ調のデザインブームを仕掛けた建築デザイナーである。

「ホテルの名前やデザインを考える時は、女性の行きたいところを参考にしてます。バリの部屋を最初に作ったきっかけも、当時のOLの行きたい海外で、バリが一位やったからです」

一九八〇年代は、ホテル業界はありとあらゆる女性のあこがれをホテル名に反映していく。女性の「かわいい！」をくすぐりそうな、動物や妖精、天使がモチーフになったようなファンシーな名前が次々と考案された。また、同じ時期に「～チャペル」というような、教会を連想させるホテルが多く登場したが、それは、女性の結婚や教会へのあこがれを反映させたから

全国のエンペラー（旧ホテル名含む）

ホテル目黒エンペラー（北海道札幌市）	なんばエンペラー（大阪市中央区）
札幌エンペラー（北海道札幌市）	ゴールデンエンペラー九条（大阪市西区）
札幌エンペラー1（北海道札幌市）	天王寺エンペラー（大阪市天王寺区）
札幌エンペラー2（北海道札幌市）	平野エンペラー（大阪市平野区）
旭川エンペラー（北海道旭川市）	十三エンペラー（大阪市淀川区）
ホテル室蘭エンペラー（北海道室蘭市）	エンペラーズコムリッド（大阪市淀川区）
萩エンペラー（北海道稚内市）	ゴールデンエンペラー深江（大阪市東成区）
エンペラー（北海道日高郡）	BIG エンペラー（大阪府守口市）
エンペラー（北海道新日高郡）	ゴールデンエンペラー柏原（大阪府柏原市）
びほろエンペラー（北海道網走郡）	ゴールドエンペラー東住吉（大阪市東住吉区）
ホテルエンペラー（岩手県盛岡市）	ゴールデンエンペラー石津（大阪府堺市）
ニューエンペラー（栃木県下都賀郡）	摂津エンペラー（大阪府摂津市）
エンペラータワー（東京都新宿区）	豊中エンペラー（大阪府豊中市）
エンペラー（神奈川県横須賀市）	エンペラー（大阪府堺市）
ホテルエンペラー（新潟県魚沼市）	エンペラー阪奈（大阪府大東市）
とやのエンペラー（新潟県新潟市）	セブンエンペラー（大阪府泉大津市）
ホテルエンペラー（新潟県刈羽郡）	エンペラー R2（兵庫県尼崎市）
ホテルエンペラー（石川県七尾市）	神戸エンペラー（神戸市中央区）
エンペラー（静岡県下田市）	猪名川エンペラー（兵庫県川西市）
ホテル金山エンペラー（愛知県名古屋市）	ホテルエンペラー（兵庫県姫路市）
ホテル・エンペラー（愛知県名古屋市）	ゴールデンエンペラー豊岡（兵庫県豊岡市）
エンペラー（愛知県一宮市）	エンペラー岡山（岡山県岡山市）
びわこエンペラー（滋賀県大津市）	エンペラー津山（岡山県津山市）
京都エンペラー（京都市伏見区）	エンペラー（香川県高松市）
エンペラー亀岡（京都府亀岡市）	ホテルエンペラー（香川県高松市）
エンペラー（奈良県橿原市）	ホテルエンペラー（福岡県大牟田市）
ホテルグレースエンペラー（奈良県大和高田市）	エンペラー（長崎県佐世保市）
ホテル桜宮エンペラー（大阪市都島区）	ホテルエンペラー（熊本県八代市）
ロイヤルエンペラー（大阪市天王寺区）	エンペラー（大分県大分市）
ゴールデンエンペラー桜宮（大阪市都島区）	吉野エンペラーホテル（鹿児島県鹿児島市）
ナニワエンペラー（大阪市浪速区）	ホテルエンペラー（鹿児島県名瀬市）
おとぼけエンペラー（大阪市浪速区）	空港エンペラー（鹿児島県姶良郡）
エンペラー（大阪市北区）	ホテルエンペラー（UNO-CITY）（鹿児島県曾於市）
あべのエンペラー（大阪市阿倍野区）	

であるという。

中には、「ル・チャペル　フィレンツェの恋泥棒」「Ｈｏｔｅｌ　Ｆａｉｒｙ　妖精が忘れた緑の時間」「ハーフムーンが笑ってる　リトルチャペル」などといった、長いわりには意味がよくわからない、だけどなんとなく雰囲気はわかる……というような名前もある。

女性のあこがれるものは多種多様に存在するので、その種類、取り入れ方は様々であるが、中にはホテルに人気ブランドの「シャネル」と名付けて裁判問題にまで発展したケースもあった。

そして現在、ラブホテルの多様化と共に、ネーミングにも様々な種類がみられる。若者をターゲットにしぼったホテルが主流になっており、横文字が多く、大体がそのホテルの方向性、部屋の作りなどをあらわしているものが多い。

東京の鶯谷《うぐいすだに》に「Ｐ‐ＤＯＯＲ」というホテルがあるが、それは名前を付ける時にライブドアが話題になっており、それをもじって「Ｐ‐ＤＯＯＲ」にしたという（ちなみに意味はプライベートドア）。

このように、その時代の人々があこがれるもの、その時流行っているもの、話題になっているものが設備だけでなく、名前にも投影されているのである。

癒《いや》しの非日常空間へ

男性が女性をホテルへ誘う時に、「ホテルでセックスしようよ」とは言いにくいだろう。「あそこに行けばカラオケもあるし」という文句の方が誘いやすいし、誘われやすい。

ラブホテルの設備を、いわゆるカモフラージュの役割を果たしているという考えで、取り入れるオーナーもいる。中でも、カラオケはセックスに関係ないが、ラブホテルには必ずある設備の代表格ではないだろうか。

しかし、ホテルの総合プロデュースも手がける田中正寛氏（株式会社イデア綜合設計代表）は、そんなカラオケも現在は不動の位置から外れようとしていると言う。

「私は、カラオケもゲームも、なくしていく方向で考えてます。固定観念があるんだよ、カラオケやゲームを置かなきゃいけないっていう。でも使用した形跡を調べてみると、使用率が低い。カラオケなんて、ホテルで歌わなくても、カラオケ店行ったら、より本格的な設備の中で二人きりで歌えるんだよ。ゲームも自分の家でやればいいしね」

カラオケの使用率が低いということは、清掃担当の従業員からもよく聞く話である。カラオケは、ひょっとすると誘い文句としての役割の方が大きいのかもしれない。では、これからはどんなものがホテルに取り入れられていくのだろうか。田中氏は続ける。

「これからはホテルでしかできないものをどんどん取り入れるべきだよ。岩盤浴なんていうのは、男女が二人で入れることはまずないから、ホテルでしか経験できない非日常だと思う。ラブホテルっていうのは、何かとコラボレーションするということにおいては天才的な空間だからね。エステとか、ジムとか、レストランとか、いろんなものとコラボレーションしていく時代になるんじゃないかな。ポイントは、そういうものを裸ですべて楽しめるところだよね。快適なプライベート空間がどんどん確立されていくと思う」

確かに、通常の岩盤浴は男女で分かれているため、カップルが二人で利用することは不可能である。また、最近はカラオケや漫画喫茶、個室レストランなどカップルが遊べる個室空間が充実しており、これからはラブホテルならではのプライベート空間が必要となってくるであろう。

ここにあるキーワードは〝ホテルでしか経験できない非日常〟である。ラブホテルには、古城のような外観や、回転ベッドに代表されるような、夢のような非日常空間が追求された時代があった。しかし現在のラブホテルは、夢のような非日常空間から、カップルが二人きりでくつろげる癒しの非日常空間へと変化している。

第二章

ラブのシグナル

HOTEL
ホテル
HOTEL SIZUKU
リニューアルOPEN
リニューアル OPEN
パシャ
ひとり、写真を撮り歩く…

シティホテルのラブホテル化

ラブホテルとシティホテルの違いは、どこにあるのだろうか。

まず、シティホテルは宿泊だけでなく、宴会からブライダル、ショッピング、飲食など多目的な複合的施設である。それに比べてラブホテルは、カップルを対象とした部屋貸しをメインとする休憩・宿泊施設である。

そういう意味では、目的が多種多様であるシティホテルとの違いはあるが、もともとのホテルとしての役割である部屋貸しという部分に焦点を絞ると、ここ数年でシティホテルとラブホテルのボーダーレス化が進んでいるというのも事実である。

それは、シティホテルがデイユースと称した時間貸しのシステムを取り入れたことが大きい。デイユースとは、いわゆるラブホテルの休憩と同じく、宿泊とは別に、部屋を短時間利用できるというシステムである。バブル経済崩壊以後、シティホテルがとった部屋の稼働率を上げるための苦肉の策であるが、当然カップルユースが増えるということも見込んでいるだろう。しかし、どのシティホテルに利用目的の例を問い合わせても、ラブホテルのかわりとしても使えますよとの回答は得られなかった（宴会時や仕事時の空き時間の休憩利用を名目としているホテルが多い）。某シティホテルの広報にインタビューしたところ、「ラブホテルは参考にさせていただいています」とのことであったが、ホテル名や担当者名は必ず伏せてくださいと何度も言われた。そこからは、まだまだラブホテルへの偏見が残っているということがうかがえる。しかしその反面、カップルユースも視野に入れたシティホテルが、自らラブホテルに近づいていっているということも確かではないだろうか。

最初にシティホテルを意識していたのは、ラブホテルの方であった。ラブホテルが真に女性の求める空間を追求しはじめるようになった一九八〇年代初頭から、外観、サービス、部屋の作りなど、シティホテルを参考にシンプルできれいなラブホテルがどんどん作られ、その流れは今でも続いている。

そうなると、ラブホテルはシティホテルに、シティホテルはラブホテルにと、互いに近づきつつあり、これぞラブホテル！　というものの存在が危うくなってくるのではないだろうか。確かに最近は、一見しただけではラブホテルとは思えないラブホテルもよく見かけられる。しかし、やはりラブホテルはラブホテルなのである。ラブホテルはラブホテルしか持たないシグナルを発している。それは一体どういうものなのか。本章では、ラブホテルの無言のシグナルに着目する。

派手な外観

山や街の景観を全く無視した自己主張丸出しのお城や、けばけばしい装飾、ビビッドなカラーの建物など、ラブホテルを想像する時、その派手な外観を思い出す人は少なくないだろう。なぜ、そんなにインパクトを与えるような外観のラブホテルが多く存在するのか。それは、ラブホテルの外観そのものが広告塔の役割も担っているからである。

ラブホテルの最初のシグナルは、存在を主張する外観である。

今でこそ、情報誌などで年に何度もラブホテル特集が組まれたり、インターネット上にホテルの情報サイトがあったりと、情報を出すにも得るにも便利な時代になったが、宣伝ができないというのは、ラブホテルにとって大きな問題であった。

新聞広告も出せない、雑誌にも取り上げてもらえない中、ラブホテルはどうやってその存在をアピールしていたのだろうか。

「毎日毎日、藁半紙《わらばんし》に『レジャーハウス美松』っていうのと、場所と電話番号書いて、夜中に電信柱に貼りに行ったの。電話番号を書いたのは、予約制とかではなく、とにかく場所を知ってもらうためにね。こういうところにこんなホテルが出来ましたよと。共同経営者が三人いたんだけど、毎日バケツに、のりいっぱい作って、夜中にありとあらゆる電柱に貼りに行ったね。藁半紙だから、すぐに剝《は》がされるでしょう？　そうしたらまた貼りに行って……って毎晩やっ

モテル・アイネ

てましたね」

　これは、前述した株式会社アイネシステム、アイネグループ名誉会長の小山立雄氏が、ラブホテルの前身となるレジャーハウス美松（一九六六年オープン）を建てた頃の宣伝方法である。

「ところが、第二の店舗で、伊豆の長岡にアイネとしての第一店舗を建てた時には、夜中電信柱に藁半紙を貼りにいくことはなくなったの。外観が宣伝になったからね。車で通れば嫌でも見えるし、外観が派手だったから、美松の頃みたいに電柱にどうこうしなくても、宣伝になったよね」

　写真を見て欲しい。これが当時のモテル・アイネである。山の中に突如こんな建物が出現したら、それは目立つであろう。

　派手な外観を宣伝がわりに使うというのは現在も続いている。

次々に奇抜なホテルを提案して、雑誌やテレビを騒がせているホテルの経営者はこう語る。

「今でこそ、『関西ウォーカー』やら『(KANSAI) 1週間』やらに、ラブホなんていってて特集を組んでいただいている時代ですが、僕が手がけだした頃はまだまだなくてね、宣伝をしてくれる雑誌等の媒体が。だから一つの戦術として、目立って認めてもらって、好き嫌いはあるんだけど、噂《うわさ》になるような……、気に入っていただけなければしかたないみたいな。まあ、こういうやり方すると、お年めされた方とか、来にくくなるというのはあるんですけども。だから、『若い方をターゲットにした戦略なんですか?』といわれたこともあるんですが、そういうわけではなくて……まあ、目立とうと思ったらああいう形になったと。宣伝しにくい業界では、目立つのが、近道のひとつかなって」

派手な外観は、好まれるというよりも、それによってまず目立つことの方が大切だというのである。

宣伝方法が増えた現在は、外観も広告塔の役割のみではなく、利用者のニーズを反映させて、わざとインパクトのあるようにしているホテルもある。しかしどちらにせよ、目立つ外観が、ラブホテルの発する大きなシグナルであるということは変わりない。

奇抜なネーミング

「と、いうわけで。」「おててつないで」「よい子CLUB」「すずめの学校」「夢見るBiBiちゃん」「ハウディ・ハウハ」「クジラの花嫁」「つれってってー」「ひっくりかえったおもちゃ箱」「どんと恋」「おひるねラッコ」「風とかくれんぼ」……。

摩訶不思議な言葉の数々……これらはすべてラブホテルの名称である。一見首をかしげてしまうようなものから、突っ込みたくなってしまうものまで、ラブホテルの名称は実に発想に富んでいる。第一章で触れた、その時代、その時代のあこがれを反映してきたホテル名とは別に、シグナルの役割をもったホテル名もまた存在した。

変わったホテル名が次々と生まれたのは、一九九〇年代に入ってからである。できるだけ費用をかけずに宣伝効果を上げる方法として、とにかく一度聞いただけで強烈に印象に残るホテル名が次々と考案された。

ユニークな命名と部屋作りが話題を呼んでいる、株式会社アドバンテージ プラン代表の徳原靖郎氏は次のように語っている。

〈「好評をいただいた『べんきょう部屋』とか、店のネーミングもすべて私が考える。2〜3カ月かかります。覚えやすく、かつ忘れない名前がいい。『べんきょう部屋？ ナニを勉強するんやら』と必ず返ってきます」〉（『ファッションホテル夢空間　名商・巨匠の物語』双葉社、一九九九年）

確かにナニを勉強するんやら⁉ という気はするが、印象に残るネーミングである。

余談だが、私は関西の居酒屋で「保健体育の勉強しようや！」とべんきょう部屋というホテルに女の子を誘っていた男性を見かけたことがある。まさに徳原氏の狙い通りではないか。

そう考えると、印象的なホテル名もまた外観と同じく、ラブホテルとしてのシグナルの役割を果たしているのではないだろうか。

シグナルの地域性

シグナルは、地域によって変化する。

例えば、先ほどあげた奇抜なネーミングが圧倒的に多いのは関西である。そういった、その地域の特色を表す独特なシグナルもあるが、シグナルのみに焦点を合わせると、ネーミング以外はかなり細分化してしまう。なので、ここではラブホテルを都市型ホテルと郊外型ホテルの二つに大きく分けて、発信しているシグナルの違いについて考えていきたい。

まず、ラブホテルには、入り口付近に「空」「満」表示がついている。シティホテルと違って、ラブホテルは予約制を取り入れている所が少ない。最近では、予約のシステムを導入しようという動きもあるが、利用者の認識としては予約せずに利用するのがまだまだ一般的である。

そのため、多くのラブホテルには、部屋の空き状況を示す「空」「満」の表示がついており、カップルはそれで空き状況を確認してから入るというわけである。そして、この「空」「満」の光りが実用性も兼ねたラブホテル独特のシグナルになっている。

しかし最近、「空」「満」表示を付けない都市型のホテルが増えてきた。原因は、利用者の意識の変化である。現在は、ラブホテルにどこでもいいからさあ入ろう！　ではなく、あのホテルに行きたい！　と、利用者が取捨選択するようになってきたのである。そんな中、人気のホテルには、待ってでも入りたいというカップルの意識が生まれた。「待つ」という意識が生まれた客に、わざわざ「満室です」ということをアピールする必要がなくなったということである。

しかし、都市型ホテルに少なくなってきた「空」「満」表示も郊外ではまだまだよく見かけられる。ワンルーム・ワンガレージ式と呼ばれる、車で直接部屋に入れる構造になっているホテルが多い郊外では、空室があるかどうかの表示が必要不可欠だということもあるが、そこには郊外型のホテルを利用する時に「待つ」という感覚を持ち合わせていない、利用者の意識の違いも関わっている。

駐車場に付いているのれん（別名〝わかめ〟ともいう）にも同じ傾向がみられる。ラブホテルに入る車を隠すために駐車場の入口に付けられているのれんは、実用的というよりも、入るところをなるべく見られたくないという客の心理を汲み取った、いわば〝ラブホテルならではの気遣い〟から生まれた。そして現在は、ラブホテル独特のシグナルのひとつにもなっている。

しかし、そののれんも取り外す、または最初から付けない都市型ホテルが増えてきている。車が傷つくし、隠す必要もなくなってきたというのが大きな理由である。都市部にも郊外にも店舗を持つホテル経営者は、都市部のホテルと郊外のホテルの違いをこう語る。

「昔ほど人目を気にしなくなったというのもありますが、高級車が増えたから、のれんは車を傷つけるとかいうのもあって都市部のホテルには付けてません。ただ、郊外とか地方に行くと、のれんがないと流行らないですね。顔がささない（顔がわからない）所でないとお客さんが来ない。郊外とか地方というのは、車で来店されるのが基本ですし、人口密度が都市部に比べたら低いので、見つかりやすいと気にする人が多いから、のれんはやっぱり必要ですね。

モニターで車を見てたら、お客さんが一人で入ってきてるのかなと思う時があるんですけど、よく見たらシートをおもいきり倒してたりね。また、後ろに乗ってるとか、必要以上に女性が

のれん

顔を隠しているのをよく見かけますね。あと、これは冗談じゃなくて、実際数回見たことあるんですが、トランクから出てくる人とかいますよ。そんな悪いことしてんのか！　とこっちがツッコみたくなるくらい、なんかの逢瀬《おうせ》じゃないけど、絶対にばれたらいけないようなお客さんが多いですね。

だから、地方とか郊外で支持されるのは、やっぱり顔がさしにくいホテルです。当然新しい設備とかきれいさは求められるんだけれども、新しくてきれいでも顔がさしたらやっぱり来にくいみたいです。だからのれんは絶対必要ですね」

郊外型のホテルには、まだまだ、のれんが欠かせない存在であり、「空」「満」表示も必要である。そうすると、ラブホテルのシグナルは、都会よりも郊外の方が強いということだろうか。確かに、郊外にはラブホテルっぽいラブホテルが多く存在する。それに比べ、都市型のホテルは一見シティホテルと変わらないものから、いかにもラブホテルというような、派手なホテルまで混在している。そういう意味では、都市型のラブホテルにおいては、これぞラブホテル！というくくりが曖昧《あいまい》になっているというのが現状ではないだろうか。

シグナルをつくる人々

ラブホテルならではというもののキーワードを握っているのは、建築デザイナーである。ラブホテルは経営者によって作られるものでも、利用者によって作られるものでもない。経営者や利用者の意見が後から反映されることはあっても、最初に仕掛けるのは建築デザイナーである。

ラブホテル建築にはひとつの大きな特色がある。それは、建物から部屋、備品、時には時間設定、サービス内容に至るまでほとんどを、ひとつの設計事務所が受け持っているというところだ（一部そうではないホテルもある）。ラブホテルは他のホテルやレストランなどと違って利用者の声が聞こえて来づらい。また、前述したように、老舗が存在せず、移り変わるニーズをすばやくキャッチして提案していかなければならない。ホテル経営に携わるのは初めてという経営者や、副業で始める経営者も多い中で、経験のある建築デザイナーの考えがそのままラブホテルに投影されるということは少なくない。

「レジャーホテルの業界って、我々よりもオーナーさんの方が情報が少ないんだなということに驚きました。リニューアルしたくても、どういうアクションをすればいいかわからないと困っているオーナーさんが沢山いらっしゃるんですよね。一家で経営されてて、その一軒のホテルを大事にされてるオーナーさんも多いので、自分のやりたいイメージがあっても、それをわかってくれる人を見つけられないというような。

例えば、工務店さんなんかに声をかけるんだけれども、自分達は施工はしてもイメージまではわからないから選んでくださいとサンプル帳だけ渡されるとかですね。でも、オーナーさんもプロじゃないですからね。イメージはあってもインテリアなんかを選ぶのは難しいでしょう。するとバラバラな形で、付け足し付け足しでできた空間が思ったようにいかなかったという、そんな感じがありますね。だから、デザインやインテリアを統一した形でリニューアルしたらすごく喜ばれましたね」

これは、もともとシティホテルやブライダルの建築装飾を手がけていた佐々木智美氏（有限会社デコラボ代表）が、ラブホテルのデザインに初めて関わった時の印象である。

設計事務所には、〝全てお任せします〟と藁にもすがる気持ちで飛び込んでくる経営者も少なくない。そのホテルが流行るか流行らないかというのは、設計事務所によって決まるとも言われている。そんな建築デザイナーが作り出す、ラブホテルならではのこだわりが、ラブホテルらしさ、すなわちラブホテルのシグナルを生み出しているのである。

あなたのラブホテルならではのこだわりとは何ですか？

玄子邦治氏（建築デザイナー　玄子空間デザイン研究所代表）

「プライベートとパブリックをきっちり分けるということですね。部屋は長時間滞在することを考えて、色合いなんかも落ち着いた色を使って、飽きの来ない過ごしやすい空間を心がけています。でも、お客さんを呼ぶための外観や、一瞬で通り過ぎる廊下やロビーはインパクトを与えるために思い切り派手にしたりしますよね。また、女性の嫌がることをしないのは大切です。トイレを部屋のすぐ横に作らないとか。清潔感とか、リネンの質とかも大切です。女の子は洗面台をまずチェックするから、洗面台は大事ですよね。あと、ラブホテルはカップルが親密になれるところだからこそ、程よい空間が大事ですね。広い空間はあえて狭く見せるようにしてます。広すぎるとカップルの間に距離ができるでしょ」

林薫氏（デザイナー　有限会社デラックスダブルデザイン）

「ラブホテルだからこそ、アダルト的な要素を入れるのは大事だと思っています。昔は卑猥《ひわい》さを出すのが特徴だったのかも知れないですけど、今はそういうのを前面に出すのではなく、もっとスマートにしたいですね。たとえば、露天風呂を細長く作ったり、わざと小さめのソファーを置いたりして、二人の距離が自然と近づくようにっていうのを心がけています」

ビタミン三浦氏（コンサルタント　ビタミン三浦ラブホテル総合研究所所長）

「やっぱり看板商売なんですよね。建物自体が看板だから、予算がなくても、外壁を塗り替えて、垂れ幕を入れて、このホテルのなかでどういうサービスをやってるのかということを、館外広告する。館内広告じゃだめなんですよ。それで、企画・イベント、そういうものを打っていく、毎月ね。リピーターが大事ですからね。あと、ちょっとしたソフトSMの部屋とかを女性が指さして選んでるのをモニターで見かけますよ。男性は風俗でそういうこと体験できるけど、女性はできないから興味あるのかもしれないですね。最近は、女性がそういうことを主張できるようになってきたから、ホテル作りにも女性の希望を考慮したエロティックなものを取り入れたりしていますよ」

関寛之氏（早大卒、一級建築士取得後、ホテルの設計やプロデュースに関わる　ホテルファイングループ本部長）

「落ち着ける空間づくりですね。レジャーホテルって、基本的にバスローブや裸でくつろぐ空間なんですよ。それが最近のレストランや美容室みたいにスタイリッシュだったり奇抜すぎたりすると落ち着かないんですね。だからうちは白を基調に、おしゃれというよりは、落ち着ける空間を目指しています。あんまりモダンすぎると落ち着かないんですよ。店舗だったらいいんですよ、長くても滞在時間は三十分や一時間そこらでしょ。店舗作りとホテル作りは違うってことをわかってない設計士やデザイナーは多いですよね。私は、ホテルは安らげる空間であるべきだと思っているので。

あとは怪我《けが》しないということですね。バスローブや裸で過ごすということを仮定すると、余計怪我には注意を払うべきだと思うんですよ。だから、うちのホテルは尖《とが》っているものはひとつもないんですね。全部先端は丸みを帯びてるんですよ」

亜美伊新《あみいしん》氏（デザイナー　株式会社アミー東京デザインルーム代表）

「僕がこだわるのは入口よりも出口ですね。出易ければ必ず流行る、だから出口産業というんです。入る時よりも出る時。入る時は勢いで入りますから。でも、出てくる時は後ろめたいじゃないですか。だから出口が重要なんです。出口がいいところは必ず（お客さんが）入る。また、エレベーターなんかも上りと下りをそれぞれ専用にして離したりします。先に押した所しか止まらない。通過するわけですね。そうやって出る人が他の人と会わないというところに大変、気遣いをしていましたね」

西岡裕二氏（設計士　株式会社西岡裕二設計研究室代表）

「バックヤードを意識しますね。従業員が動きやすいように考えますよね。リネンエレベーターをつけるとか。というのも、最近のレジャーホテルの流れが料理に力を入れだしてるから。これが昔と大きく変わったところだね。レジャーホテルがレストラン並みの料理を出すと。冷凍食品が発達したという経緯もあるんですけどね。料理が出ないホテルは流行らないと言われてるくらいですね。我々も料理のテイストをしにいきますし、企画会社が入ったり、オーナーさんも勿論勉強されていますよね。だからこそ、料理が冷めないうちに運べるように、バックヤードをきっちり作るのが大切ですね。昔は出前とかだったんで、料理のことは少しも考えてなかったんですけどね」

田中正寛氏（設計士、デザイナー　株式会社イデア綜合設計代表）

「ラブホテルを堂々と行ける場所にしたい。で、堂々と行けるようにするには、カモフラージュしなきゃいけない。シティホテルは完璧なカモフラージュが作られてるよね。結婚式場がありますよとか、バーがありますよとか。シティホテルでも、結局ラブとして使ってるカップルはたくさんいるんだ。だけど、表に出てくる顔がはっきりしてるから、行きやすい。それを僕はかなり前から考えてるね。だから、ラブホテルこそ料理をがんばりなさいと前から言ってるんだ。料理をしっかりすることによって、カモフラージュできると。最近はシティホテルを意識したような（ラブ）ホテルもよく見かけるけど、シティホテルと同じように作っても駄目なんだよ。お金のかけ方がちがうんだから、喧嘩できないよ。だから我々がやる時は、何と組み合わせるか、それとターゲットをカップルに絞り込むことだよ。最近だったらジョーバとか、マッサージチェアなんていうものをホテルに取り入れてるけど、そういう常に最新のものを取り入れるのは、まずシティホテルとの差別化だよね。いかに付加価値を付けるかっていう。シティホテルには、そういうのほとんどないからね。自分の部屋にあるものがあるんだったら、自分の部屋にいればいい。シティホテルって自分の部屋では味わえない特別な感覚があるでしょ。それとはまた別の形で（ラブ）ホテルも、自分の部屋にはないものを提供しなきゃいけない。だから常に先へ先へといかなきゃいけないんじゃないかな」

野村岩男氏（元三陽建設代表、株式会社アインエステート会長相談役）

「時代の先取りやね。少しでも進んだものをということで。コンピューター管理から、カラオケまでね。一般家庭には普及されてないものを取り入れることやね。

デザインでいうと、彫刻とかね。ギリシャにあるような、ああいうのを主にした時期もありました。その頃、一般家庭には全くなかったからね。また、最初は建物も昔からあるような茶色が多かったんやけれども、徐々に真っ白を取り入れだして。それまで白なんか日本の家屋になかったからね、よりほんまものに近付けるということで、外も本格的な宮殿みたいに、それから内装もだんだん本格的なヨーロッパ調のものにうつってきました。そう考えたら、外装から内装にかけて、白を取り入れたのが一番の特徴でしょうね。住宅の発達を先導したのは、ホテル建築ですよ。それがテレビなんかのセットにも使われだして、最終的に一般家庭に普及した。タイルにしてもイタリアンタイルとかね、どんどん使いだして、ホテルが一番最初に高級なものを取り入れたんですよ」

佐々木智美氏（空間デザイナー　有限会社デコラボ代表）

「やはり、掃除の部分ですね。ラブホテルってシティホテルと違って一日に何回転もするでしょ。清掃時間もそれほど長く取れないから清潔感を保って、かつ回転率をあげるためにも、掃除に時間のかかるような内装にはしないようにしていますね。複雑に入り組んでるとか、ゴミが溜《た》まりやすい空間ができちゃうとか、隙間《すきま》の部分ですよね。できるだけ隙間を埋めるというような。汚れが取れやすい素材とか、消臭機能がついているものを選ぶとかね」

業界には、独特の個性を持ったデザイナーが多く、ラブホテルへのこだわりやシグナルの仕掛け方はそれぞれ異なる。しかし、日本ではラブホテルを専門とする設計事務所はごくわずかであり、右にあげたデザイナーやコンサルタントの考えが全国の多くのラブホテルに反映されていることは確かである。そして、今日もラブホテルは独特のシグナルを発しながら、そこに存在している。

第三章

ラブホテル必須アイテム

〝ラブホテルっぽい〟って何？

ラブのシグナルを検証していく過程で、郊外型のホテルと都市型のホテルの〝ラブホテルっぽさ〟が変わってきていることがわかった。

それでは、いわゆる〝ラブホテルっぽい〟とは、どういうものなのだろうか？

話はそれるが、私はただの女子学生である。研究者としては、卵どころか卵の卵ぐらいの存在である。そんな私がたまたまスポーツニッポンに取り上げられたところ、スポーツ紙や週刊誌からの取材依頼が殺到した。そして、遂《つい》に文春新書という大舞台まで与えられてしまった。なぜ、ただの女子学生にそんなことが起ったのだろうか。

……それは、私がラブホテルを研究しているからである。女子学生が、ラブホテルを研究しているというところに話題性があり、そこに人はピンク色の妄想をするのであろう。その証拠に、研究関係の取材を受けたら必ず聞かれるのが「何軒行きましたか？」「誰と行きましたか？」……全く失礼な話である。

前章でも触れた通り、ラブホテルは現在、多目的空間へとどんどん進化している。しかし、それでもラブホテルはセックスを含めた多目的空間であることには変わりない。ラブホテルとセックスは、やはり切っても切れない関係にある。

〝ラブホテルっぽい〟というのは、すなわち、〝セックスをする場所〟ということを感じさせることではないだろうか。

ラブホテルには、セックスを連想させる、または盛り上げる装置的役割を担うアイテムがある。その部屋で普通に過ごす分には必要ないが、セックスをする場合には、大変活躍するもの……。それはラブホテルには欠かせないアイテムのひとつであり、それもまた時代と共に変化してきた（以下よりそれを、ラブアイテムと称する）。

現在のラブアイテムは、おとなのおもちゃが買えるコンビニボックス（棚を開けると設置されている）や、風呂に置いてあるマットやローション、最近増えてきたコスプレ貸し出しなど様々である。それらは設備やサービス同様、ホテルによって多種多様ではあるが、だいたい目に付かないように置いてあるか、貸し出しという形である。共通しているのは、あまりあからさまではないということだ。

前述したように、現在のラブホテルはセックスをする場所というよりも、セックスもできる場所という色が強い。したがって、ラブアイテムもそういう位置づけで設置されているのであろう。

しかし、ラブホテルには、それらがすべて丸出しの時代があった。

やる気満々！　もっと凄いものを！　もっと新しいものを!!　と、堂々と性を追求した時代があったのである。

モーテルから始まった

〈ここ2～3年の間に、わが国で最も目ざましい進歩発展をとげたものは、残念ながら、公害防止装置の研究でもなければ、原子力船の開発でもなくて、トルコ嬢のテクニックとモーテルの設備〉

これは、「週刊プレイボーイ」(一九七四年十月一日号)に掲載されたモーテル紹介の記事の一部である。確かに、一九七〇年代に入ってからのモーテルの設備の発展は目ざましいものがあった。ここでの設備は、第一章で挙げたようなテレビや冷暖房完備といったようなものではなく、回転ベッドや、鏡張りの部屋など、今ではもう見かけられなくなった、セックスに関わるラブアイテムを指す。そういった設備は最初、モーテルを中心に広がっていった。

現在のモーテルがラブホテルと上手くつながらない方もいるかもしれない。ラブアイテムの誕生と発展を担ったモーテルも、時代の中で存在そのものが変化したのである。そこで、ラブアイテムの前に、少しモーテルに触れることにする。

戦後の高度成長に伴い、高速道路が次々と開通し、マイカーブームが到来。それと共に、インターチェンジ付近に、モーテルという休憩・宿泊施設が建てられた。

motorとhotelを合わせた合成語であるmotel（モーテル）は、自動車旅行者や長距離運転のドライバーなどが休憩・宿泊する施設としてアメリカで発展を遂げた。

アメリカの後を追うようにモータリゼーションを発達させた日本にも、一九六〇年代初頭からモーテルが建ち始める。そうして、日本にモーテルが普及すると、アメリカで発展したモーテルとは違う、日本独特のモーテルが登場した。

最初はドライバーや家族連れをターゲットにしていたモーテルだったが、自動車で乗り入れ、そのまま部屋へ入れるというワンルーム・ワンガレージ式の構造が受けて、男女のカップルが多く利用するようになったのである。誰にも見られずに入れる構造であるモーテルが、二人きりになれる空間としてカップルに受け入れられたというわけだ。

そこに目をつけた経営者たちが、カップル専用のモーテルを次々と作り、インターチェンジ周辺には、いわゆる日本式モーテルが林立した。こうして日本におけるモーテルは、郊外型ラブホテルの地位を確立したのである。

当時の「週刊文春」（一九六九年三月十日号）には、〈いまのサカサクラゲはモーテルになりますな〉という一文がある。このサカサクラゲというのは、今でいうラブホテルを指す。

都心で、連れ込み旅館やサカサクラゲと呼ばれる和風の旅館がラブホテル代わりに使われていた頃、郊外ではモーテルと呼ばれるコテージ式や連棟式の洋風の建物が次々と誕生し、すごいスピードで発展を遂げた。

日本の中のモーテルの変遷

一九六七年に、全国の自動車台数が一千万台を突破し、それに伴いモーテルは急増する。大都市近郊にもモーテルは発展し、同年に一千軒、大阪万博の一九七〇年には三千軒、七二年には六千軒を突破した（『ファッションホテル夢空間　名商・巨匠の物語』）。

しかし、一九七二年に風俗営業等取締法（以下、風営法）が改正され、ワンルーム・ワンガレージ式のモーテルが禁止されることになる。

一九七四年の『警察白書』は次のように書く。

〈いわゆるワンルーム・ワンガレージ（車庫付き個室）のモーテル営業に対する住民の設置反対や批判の声が盛り上がり、その結果、昭和47年7月5日に公布施行された風俗営業等取締法の一部を改正する法律によって規制されることになり、都道府県が条例で定める禁止地域内においては、条例の施行後1年以内にワンルーム・ワンガレージのモーテル営業は、姿を消すこととなった。〉

しかし、実際は多くのモーテルが、法律で禁止された定義から外れるよう改築を行って、営業を続けていた。当時、類似モーテルの建築に関わっていた建築士はこう証言する。

「裏に通路を作れば大丈夫だったんですよ。そこを経由してお客さんが来る来ないは関係ないんですよ。ただ、体裁が整っていればいいって話ですよね」

同じく、建築デザイナーからもこんな話が聞けた。

「ワンルーム・ワンガレージと呼ばれる、ガレージから直接部屋にいける構造がモーテルであるとされてるんですけど、一回外に出て部屋にいけるのはモーテルではないんですよ。つまり、車庫から直接部屋のドアを開ける構造にしなければ大丈夫なんです。コテージタイプなら入り口をつける場所でその辺はクリアできますからね。そういう風に構造で工夫してワンルーム・ワンガレージと変わらないものを作るのは可能です」

また、風営法改正後の一九七四年の「週刊プレイボーイ」（十月一日号）では、次のように書いている。

〈東京都には『モーテル規制条令』というものがあって、都内ではモーテルの営業ができないことになっている。

だが、法律（条令）には必ず抜け穴があって、東京都のド真ん中にもモーテルはある。（もっとも名前は全部ホテルとなっているが）（中略）

経営者の広瀬さん（35才）の言によれば――。

「ウチはモーテルではなくて、あくまでもモーテル風ホテルです。もちろん規制もちゃんと守っています。モーテル条令を細かく調べ、弁護士さんとも相談して、各ガレージをつなぐ通路をつけてあります。ええ、警視庁の方も調べに見えましたが、何もいわれませんでした」〉

このようにモーテルは、法定上の「モーテル」ではない、類似モーテル、モーテル風ホテルとして増加を続けたのである。

その頃のモーテルの実状をクリアに摑んでいたのは、警察よりも雑誌であった。

モーテルという言葉が日本で初めて雑誌に登場したのは一九五三年の「週刊朝日」（二月二十二日号）である。この頃は、ドライバーの休息用としてのアメリカのモーテルが紹介されている。その後、十年以上雑誌にモーテルという文字はほとんど出てこない。

次に大きく取り上げられたのは、一九七〇年の「週刊文春」（十一月二日号）で、「モーテル王国埼玉〝文化革命〟のウラ側」というタイトルで特集された。この頃になると、モーテルは、アメリカのモーテルではなく、日本式の独特な使われ方をするモーテルとして紹介されている。

そんなモーテルが、雑誌に一番多く登場したのは一九七三年、風営法が改正された翌年である。姿を消したはずのモーテルが、改正後の翌年に、雑誌に大きく取り上げられ紹介されていたとは皮肉なものである。

そうしてモーテルは、男性誌では「週刊現代」「週刊宝石」「週刊大衆」「週刊プレイボーイ」

「平凡パンチ」、女性誌では「女性自身」や「週刊女性」といったような週刊誌を中心に取り上げられた。内容は、モーテルの部屋の内装を紹介したものや、モーテル・セックスの実態といった、アダルトな記事がほとんどであった。

その後、ラブホテルという言葉が生まれ、〝都市にあるのがラブホテル〟〝郊外にあり、車で直接入れるのがモーテル〟といった具合に区別されながらも、同列に扱われるようになる。ところが、一九八〇年代に入ると、ラブホテルの特集記事はどんどん増えていくものの、モーテルの記事がほとんど見られなくなる。それどころか、二〇〇〇年代に入ると、トレンドマガジンで、アメリカンスタイルのモーテルがロードサイドホテルとして取り上げられている。

雑誌での取り上げられ方の変遷を追ってみると、モーテルは最初、アメリカ式モーテルと同じ、ドライバーの休息用の施設として紹介され、のちにカップル専用のモーテルが特集されはじめる。次にラブホテルが登場して一緒に取り上げられるようになり、カップル専用の休憩・宿泊施設としてはラブホテルだけが残り、モーテルは本来のアメリカ式のモーテルに戻っていったことがわかる。

しかし、この日本独特のモーテルの存在がなければ、ラブアイテムは大きく飛躍しなかったかもしれない。なぜラブアイテムはモーテルを中心に広がっていったのであろうか。

回転ベッドが回る理由

〈「モーテルは建てて三年で設備投資を回収しなきゃいかんのですが、御殿場みたいな競争になると、つぎは特殊付帯設備の競合になります。ローリング・ベッドとか、ビデオカメラだとかをつぎつぎに投資しなくちゃならなくなる」〉(「週刊大衆」一九七二年四月十三日号)

これは、日本で最初にモーテルを作った中嶋孝司氏のインタビュー記事である。

ラブアイテムがモーテルを中心に発展していった背景には、こういった厳しい生存競争があった。ここでいう特殊付帯設備というのが、ラブアイテムにあたり、中嶋氏の話からも、モーテルの生存競争がその発展をうながしていたことがうかがえる。

また、郊外にあるモーテルは、地価が低いため、外装や内装に多く設備投資ができた。そうしたことも、大掛かりなラブアイテムが次々と生まれた理由のひとつだったと考えられる。

こうしてモーテルが、ありとあらゆるラブアイテムや仕掛けを世に送り出した一九七〇年代は、ラブアイテムのゴールドラッシュの時代といっても過言ではないだろう。

しかし私は、オール鏡張りの部屋を見たことがない。派手な仕掛けや回転ベッドも、実際に目で確かめたものは、ほんの数台である。法律で規制されてしまったそれらは、現在は本当にわずかしか残っていないのである。

既得権がある一部のホテルと家庭用に、回転ベッドの製造を今も行っている会社は存在する。

が、そこも表向きにはしておらず、取材も拒否されてしまった。

一年程前、あるホテルで、この会社が開発した回転ベッドの最新機種を見たことがある。しかしそれは、予想に反してとてもシンプルなものであった。

回転ベッドの部屋は、テレビとプロジェクターが左右に設置されていたので、回転ベッドで方向を調整して、リクライニングでソファーがわりにできるという仕組みだった。リクライニング式というのが、その時見た最新型の回転ベッドの特徴で、ベッドの回転はセックスと関係がなく、実に実用的であった。

〝なんて色気がないんだろう！〟というのが、その時の正直な感想である。

しかし、ベッドが回転するというところになぜ私は色気を感じていたのであろうか。一体、私は何を想像していたのか。よくよく考えてみると、ベッドが回転して何が楽しいのか。

そんな疑問を解決すべく、回転ベッド全盛期からラブホテルと関わっていたデザイナーの方々にインタビューしてまわった結果、回転ベッドは鏡と組み合わせることにポイントがあるということがわかった。

様々な回転ベッドを考案し部屋に取り入れた亜美伊新氏は言う。

「ストリップ劇場なんかの影響が大きいんじゃないですかね。私がそうでしたね。ライトや鏡と合わせることで、いろんな角度から見れるというような……」

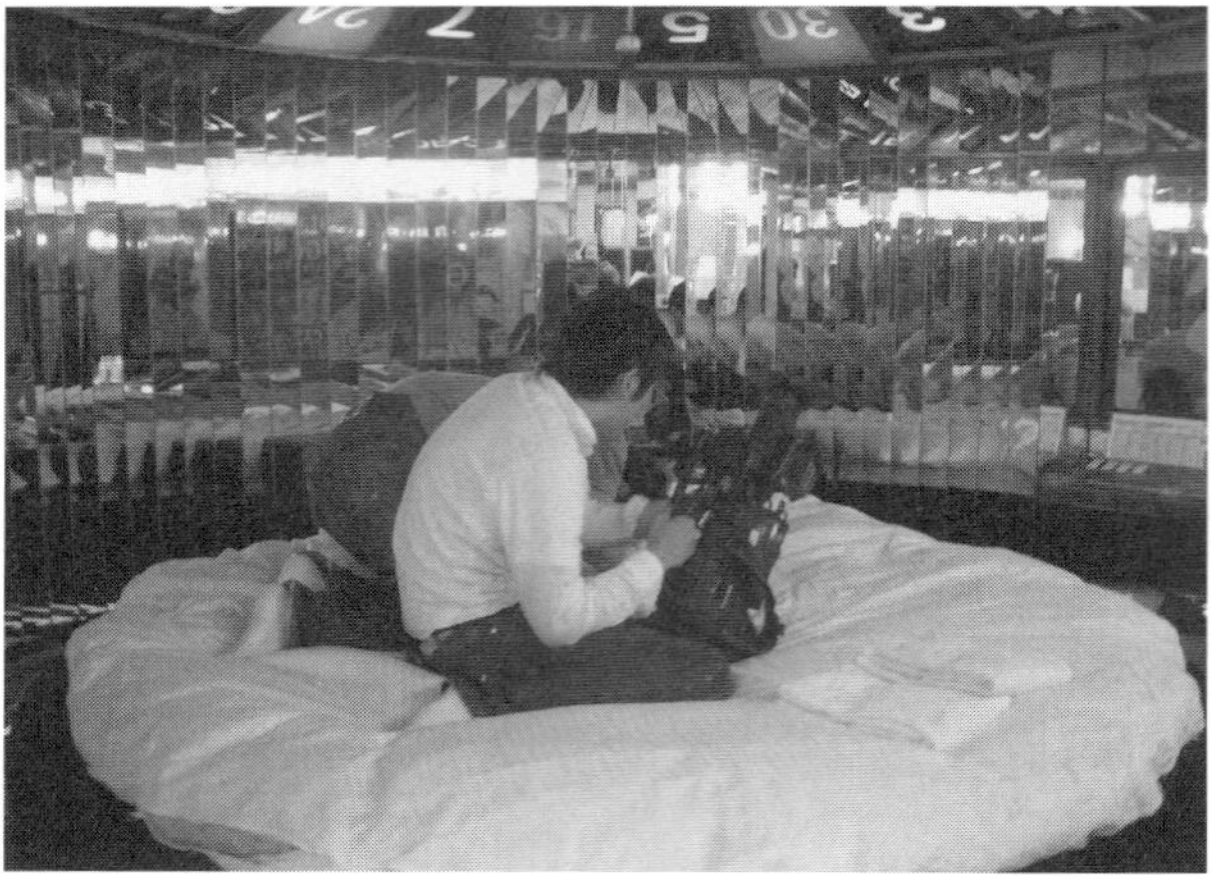

ルーレット型回転ベッド

写真を見て欲しい。これは、ルーレット型の回転ベッドで、亜美伊新氏がデザインを手がけたものである。写っているのは、取材に同行しているカメラマンと音声さんだが、回転ベッドの周りに取り付けられた何枚もの鏡に二人の姿が映し出されているのがわかる。

つまり、回転ベッドが回る度、様々な角度からベッドが映し出される。色んな角度から自分達の性交の姿を見ることで、より興奮が高まるということである。

確かに回転ベッドは、派手なつくりで、上にミラーボールが取り付けてあったり、周りが鏡張りだったりというイメージがある。あの時感じた色気のなさは、現在の回転ベッドが、実用に特化していて、セックスの匂いを感じさせなかったからである。回転ベッドは、鏡と組み合わせることで、はじめてその威力を発揮するのだ。

ラブアイテム1――鏡

ベッドが回りだす以前から、連れ込み旅館と呼ばれていた多くの旅館には、セックスのための鏡があった。

当時の連れ込み旅館や後のラブホテルの建築に関わってきた、野村岩男氏は話す。

「一時は鏡が流行ったね。風営法で禁止されたけど、鏡がブームでしたね。鏡はね、赤線の頃から結構あって、部屋に腰から下六十センチくらいの襖《ふすま》があるんですけど、襖開けたら鏡がね、あるんですよ。そういうものが基本。部屋全体に鏡とかね、流行ったよ。鏡台とかとはまた違う、セックスを盛り上げるための装置としての役割やね。家庭ではそんなことぜったいにできないしね」

六十九ページの写真を見て欲しい。これは現存している旅荘で発見した、まさに襖を開けると鏡という作りの部屋である。隣の部屋に鏡台があり、身支度のための鏡ではないことは確かである。というか、誰もこんな低い位置で身支度をしないだろう。

日本文化は、料理などを見ても視覚的な要素が高く、鏡を見ることで興奮するというのは、日本人の感覚に非常にマッチするのかもしれない。そんな鏡がモーテルで多用されるようになり、ますます進化していった。当時の雑誌からその様子をうかがってみよう。
〈「大阪じゃあ、鏡の間といってもちっともめずらしくはない。ほとんどのホテルについているものね」（地元愛好者C氏の話）〉（「週刊アサヒ芸能」一九六七年八月十三日号）
〈部屋がマジック鏡になっていて、交歓の姿が立体的に見えることになっており、目がくらんで雲の上をさまよっている気分である。〉（「週刊大衆」一九六八年十一月十四日号）
〈「天井にだね、拡大鏡がはめこんであってね、ベッドにあおむけになって、わがモノをうつしてみると、ま、馬ナミにデカクみえるんだな。自信ない男にはうってつけだなァ。しかし、となりの女性のモノも、これまたクジラなみにみえちゃうのが難点なんだが……」（風俗評論家・垣沼健司氏）〉（「週刊文春」一九七〇年十一月二日号）
〈『あやせ』には宇宙回転ベッドがあります。天井に約五十の鏡があって、千二百種の二人の姿がうつるといいます。〉（「週刊ポスト」一九七三年四月二十七日号）
馬並み拡大や、千二百種の二人の姿……想像してみるとなんだかおかしいが、当時それだけ鏡が持てはやされていたということである。
しかし、全面鏡を敷きつめる鏡張りの部屋ができたのは、偶然だったという意見もある。
「最初から鏡を使って、非日常空間やセクシーな空間を演出しようなどと考えてたわけじゃないです。それはただ単に、部屋が狭かったので鏡を貼って、広く見せようとしたのが幸いし、

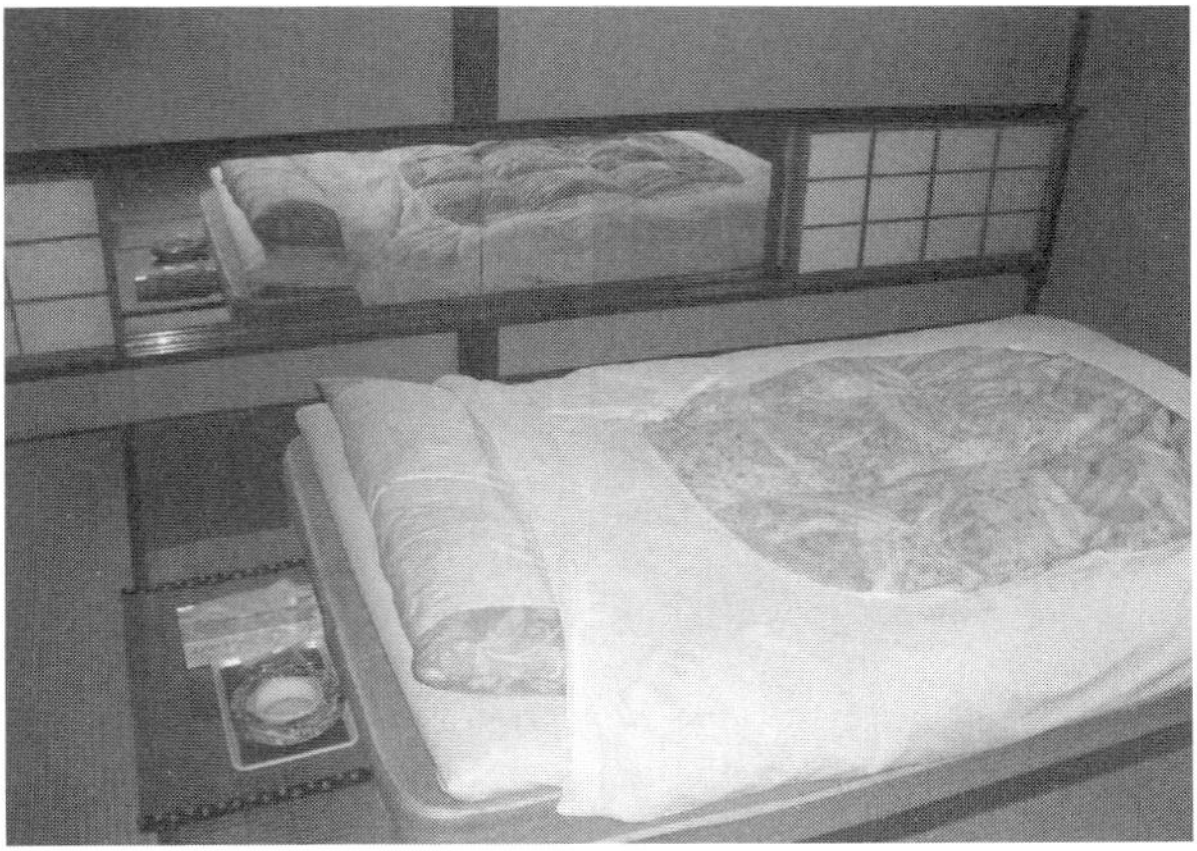

襖鏡

隣室に鏡台

お客さんは、その鏡張りの部屋にばかり入るようになったというわけですよ」（デザイナー・亜美伊新氏）

鏡を使ったエロティックな演出は、仕掛けられたというよりも、ニーズがあっての進化だったのだろうか。

電動ベッド誕生秘話

鏡の進化に伴って、ベッドもまた目ざましい発展を遂げる。前に取り上げた回転ベッドも電動ベッドのひとつであるが、ベッドはただ回るだけでは留まらなかった。

当時のモーテルコンサルタントの山本善三氏は、「週刊文春」で次のように語っている。

〈「単に、回転と上下動だけじゃないんです。タテゆれ、ヨコゆれ、右左へまわる、ベッドそのものを空中に吊りあげる、腰のところの局部だけを上下動させる、ベッド全体が小きざみにバイブレーションする、こういったもののさまざまの組みあわせで、できてるんです。これにロココ風、ルネッサンス風といった外観がそなわってくるわけで、大まかにわけて、約二十四種類あります」（中略）「アメリカには、バイブレーションベッドと円形ベッドがあるくらいで、こうしたセックスベッドは日本だけにしかないんです。日本のほこる産業なんですよ」〉（一九七〇年十一月二日号）

日本が誇る（？）産業にまで発展した電動ベッドの誕生には、諸説がある。

当時の雑誌から先駆けとなった人物や技術史を探してみると、同じ雑誌でも年によってパイオニアとして取り上げる人物が異なる。先駆者に関しては、「私が最初につくりました」という人物が次々と出てきて情報が散乱していたのであろう。そこで、取り上げられる数が多いことと、内容が具体的であるということに注目すると、二つの説に絞られる。

まず、一九六四年に東京で電気工事をしていた加藤雄二氏が、名古屋で寝具の商いを営んでいたその従兄と組んでひらめいたのが、電動ベッドであったという説。

加藤氏は、「週刊プレイボーイ」のインタビューでこう答えている。

〈「もともと私は電気工事屋だったんですが、あるとき、名古屋の伯母のところへ遊びに行った折、壊れた電気アンマ機を修理してくれ、と頼まれた。それを従兄とふたりで分解しているうち、こういった仕掛けをベッドに組み込めないかって話になった。ヒントは吉原などで使われていた腰枕です。ちょうどそれが電気で動けば気持ちいいだろうなァ、と…16才で覚えた赤線経験がこんなところで活きるなんて思いませんでした」〉（一九八一年八月四日号）

ところが、その思いつきが当たった。

〈「昭和三十九年、忘れもしない東京オリンピックの年で、苦心の手造りの電動ベッドを国道沿いのモーテルへ、売り込みに行ったんです。知り合いじゃありません。飛び込みのセールスです。そのモーテルで、これは面白そうだということで買ってくれまして——。

これが大変な人気になったんですよ。一度そのベッドを使った客は、二度目にやって来たときに同じ部屋を指名する。次第にファンがふえて、そのベッドがふさがっているときは、予約しておいて、外の電柱のカゲなんかで待っているという有様だったんです。モーテル側では〝特殊ベッド〟をもっとふやしたいから私たちのところへ注文する。すると、そのモーテルが繁盛するから、ほかのモーテルからも続々と注文が来るようになったってわけです。まあ、スタートから好調でしたね」〉（「宝石」一九七五年十一月号）

その後、加藤氏は「カトーファーニチャー」というベッドの開発・販売会社を立ち上げ、年間に電動ベッドを約四百台から五百台、八千万円（一台十五万〜三百五十万円）を売り上げ、大成功をおさめる。

一方、個人ではなく、メーカーから電動ベッドが誕生したという説もある。

名古屋の健康増進器メーカー「ビケン」（現・ビケンズベッド販売株式会社）が、〝フラシーソ〟という健康器具（縦横斜めに動き、寝転んだまま平衡感覚をやしなえるという機器）をきっかけに電動ベッドを開発したというもので、一九六五年頃、販路開拓の一環で〝フラシーソ〟を連れ込み旅館に置いたところ、非常に評判がよく、ベッドに組み込んだということだ。

当時のビケンの担当者であった石河昭明氏は、インタビューでこう語っている。

〈「女性がタワムレにそこに乗って遊んだんですな。フラシーソは微妙な動きをしますのでね……評判がよろしいんだわ。そこで一計を案じて、いっそベッドにこのフラシーソほうり込んだらどんなもんやろ、と考えたんだわね」〉（「週刊文春」一九七三年七月十六日号）

しかし、石河氏も最初はためらいがあったと言う。

〈「最初は抵抗ありましたわね。なにせ美と健康に奉仕するのがビケンですから。（中略）いったい売れるかどうか、それが心配でね。なんせベッドの真ん中に穴ボコあけて、そこへモーター入れるんですから、売れなかったら使いモノにならなくなる。そこで考えついたのよ、そうだ、ダメだったら、病院に売ろうとね。交通事故なんかでシモの世話が大変な人には最適じゃないか。この穴の下にオマル置いたらよろし。そやそやと安心してベッドづくりにふみ切ったんだわね」〉（同前）

しかし、そんな石河氏の心配とは裏腹に、その後電動ベッドは大当たりし、病院のベッドが動くことも、あけられた穴の下にオマルが置かれることもなかった……。

「ビケン」は、これをきっかけに、三百種を越える創意工夫の電動ベッドを考案・製作し、九州から関東までのモーテルや連れ込み旅館に納めたという。

……本当に、なにが成功（性交）をもたらすかわからないものである。

いずれの説でも、健康器具がきっかけになったということと、予想以上に反響があったという部分が共通している。

健康器具がきっかけになったというのは非常に興味深い。電動ベッドだけではなく、ラブホテルが進化を遂げる時、必ず何か全く別のものとのコラボレーションが見え隠れする。セックスをするためだけの空間であれば、部屋と布団があれば充分であろう。そこに、何かが加わることで、空間はどんどん進化し、その時代その時代の非日常空間を作り上げているのだ。

また、予想以上の反響においては、鏡張りの時と通じる部分がある。そう考えると、ラブアイテムの始まりは、やはり利用者のニーズが大きく関係していたということであろう。しかし、始まりはそうであっても、発展を促したのも利用者であるとは考えにくい。こちらにおいては後述するとして、まずはこうして生まれたベッドや、そこから発展して生まれた装置や仕掛けが、どのような進化を遂げたのか見てほしい。

ラブアイテム2――ベッド

一九六〇年代後半から一九八〇年代前半まで、ラブホテルの主役はベッドであった。部屋の中には少し派手なものだと数百万円、時には一千万円を超える豪華なベッドが置かれ、シンボル的な役割を果たしていた。その種類は数え切れないほどあったが、大きく二つに分けることができる。

まずひとつは〝メカベッド〟。ぐるぐる回る回転ベッドや、ベッドの中央部が浮き上がったりへこんだりするような、電気仕掛けで様々な動きをするベッドのことである。

中でも、モンローベッドと呼ばれる特殊な動きをするベッドが人気だった。

【モンローベッド】

〈連れの女性がベッドに横たわったとき、あなたは枕元のスイッチを押せばよいのである。すると、ベッド中央の敷蒲団がムクムクと動き出し、さながらマリリン・モンローのお尻みたいにゆっくり、ゆっくりと揺れ動き出す。

そして、あなたは思わず悲鳴をあげる彼女を腕の中に押さえこみながら、もう一つの手元のスイッチをひねる。

モンローウォークに、今度はさらにローリングとピッチングのようなバイブレーションが加わり、体位は変幻自在、彼女がまたたくまに喜悦の声をあげるのは間違いない。〉（「週刊大衆」一九七〇年十一月五日号）

こうして、動くベッドが人気を博し、モンローベッドや回転ベッドを筆頭に、どんどん新しいベッドが開発される。ついには、こんなこと必要か！　と突っ込みたくなるような動きをするベッドまで登場した。

【ドッキングベッド】

〈「円形電動ベッド」なんてのは古い古いで、業者のなかでも知られた『P』ホテルの自慢の部屋は、「みかけは互いに離れたツインのベッドですが、スイッチを押すと、双方のベッドがツーッと接近してドッキングするというやつですよ。何もしないよ、と寝かせておいて……ということですかね。
この部屋を指定なさる客が多いんですよ」〉（「週刊ポスト」一九七三年十二月十四日号）
この頃になると、円形の電動ベッドは〝古い古い〟との言われようだ。それだけ、新しいものが次々と登場したということだろう。しかし、ツインベッドがドッキングするだけなら、最初からダブルベッドでいいだろう！　と思ってしまうが、どうなんだろうか……。

続いて、〝メカベッド〟と共に発展したのが〝デザインベッド〟。
こちらは、メカベッドと違って動いたりはしないが、デザイン、形で楽しませようとするベッドである。王冠ベッド、白鳥ベッド、船型ベッド、バイオリン型ベッド、ピアノ型ベッドなど、あげればキリがないほどありとあらゆる形のベッドが登場した。
また一九七〇年代後半から、この二種類のベッドを組み合わせた、デザイン性とエンターテインメント性の両方の側面を持つベッドが次々と登場する。

【プラネタリューム（プラネタリウム）・ベッド】
〈ベッドに横たわると
「二人でお読みください」

と表書きのある、しゃれた手紙が置いてある。

封を切ると桜紙にゴム製品、女性用クリームがセットで入っている。そして、

「こよい一夜をお二人の想い出に」

と記された説明書が一枚。

説明書きに従って枕もとのAボタンをおすと部屋が薄暗くなり、甘いムード・ミュージックが流れる。さらにBボタン。音もなくベッドが天井へ向かって動きだす。

そして顔が天井にくっつくのではないかと思われるころ、ベッドは止まり、こんどは、これまで一枚と思われていた天井の板が左右に割れ、その間より、星の降るきれいな夜空がのぞいてくる。

さいごにCボタン。ベッドがゆっくりと回転しだす。このころになると部屋の中という意識はなくなり、二人は無我の境地に吸いこまれて行く。

名づけてプラネタリューム・ベッド。〉（「週刊大衆」一九六八年十一月十四日号）

この記事を見つけたときは、開いた口がふさがらなかった……。天井が割れるなんて、漫画じゃないか！

……面白いので、もうひとつ漫画のようなベッドを紹介しよう。

【かくしベッド】

〈「最後はベッドじゃなくて、じゅうたんの上でやるわけ？　これもオツでげすな」

するど案内係さんがニッコリして、壁のボタンを押した。

「ありゃありゃ、床が動き出したぞ！」

ゴーッと音がして、じゅうたんの真ん中に、丸い穴があくではないか。驚きました、吉良上野介もビックリ、かくしベッドがしつらえてあります。穴の深さは約五十センチ、冬ごもりのタヌキをきめこんで、下から彼女のおみ足を見上げるには絶好の角度でございました。〉（「週刊現代」一九七八年一月五日号）

天井に穴があいた次は、絨毯《じゅうたん》に穴があくとのこと……。開いた口はますますふさがらない。しかし、ベッドの進化の勢いは、まだまだ止まることはなかった。遂に、目が飛び出るようなベッドが登場する。

【亀の子ベッド】

〈部屋に案内されると、洋風のつくりで、青いカーペット。

ははァ、亀だから海の青かと、そこはベテラン、わかりが早い。

二間つづきになっていて、隣の寝室をのぞくとありました。

亀の子ではない。背中がベッドになった大亀が、十㍍ほどの長さのトロッコ用のレールの上にデンとのっている。（中略）ベッドの枕のあたりに、スイッチがずらっと並んでいる。

ポンと押すと、ブルーの照明が明滅した。次なるボタンを押すと、ベッドのヒップにあたる部分がバイブレーション。さらに次なるボタンを押すと、頭の上できぬずれの音。見上げると黒のレースのカーテンがしずしずと左右にひらいて、現われたのが総鏡張り。

次のを押すと、壁のカーテンが動いてやはり鏡張りが現われる。

さらに次がよかった。亀の頭がむくむくと動く。（中略）ラストのボタンを押すとガクンと亀がレールの上を走りだす。〉（「週刊ポスト」一九七五年九月五日号）

……進化したベッドは、なんと走り出したのである！

この記事に少し説明を加えると、部屋にレールが敷かれてあり、その上をベッドが走るということである。ベッドが部屋を走り回るなんて、もうエロを越えてオカルトじゃないか！

遊園地さながらの走るベッドは、好評だったのか、「新幹線ベッド」「銀河鉄道９９９」「汽車ベッド」「スペースシャトル」など、デザイン・名前を変えて次々登場する。なかでも、凝りに凝った「オリエントエクスプレスベッド」を紹介しよう。

【オリエントエクスプレスベッド】

〈階段を昇った二階部分が、細長い寝室になっている。この寝室に敷かれた一〇㍍ほどのレールの上を客車型のベッド、オリエントエクスプレス号が往復するのである。

しかも、ただ往復するだけではない。枕元のスイッチを入れると、車窓にあたる側面の壁に各国の風景がスライドで映し出されるのだ。フランスのパリ駅からはじまり、スイス（スキー）、スペイン（闘牛場）、イタリア（ベニス）、終着駅のイスタンブールと列車は進み、最後はふたたびパリのスライドが回想的に映し出されるというニクイ演出で、この間約二十五分。

さらに、天井に埋め込まれた四つのスピーカーからBGMが流れてくるのだから、ムードも最高潮。それも、四チャンネルのテープデッキを三台使っているため、三種類のBGMのうちの一つを選ぶことができる。

Bのボタンを押せば、シンセサイザー音楽、Cのボタンを押せば、ドナ・サマーのディスコミュージックが流れてくるが、なかでも手がこんでいるのがAのボタン。

これは、スライドに合わせた現地の生の音とそれぞれの国にちなんだムード音楽とで構成されている。たとえば、フランスでは凱旋門付近やパリ駅構内の雑踏音、スイスではスキーのエッジを切る音、スペインでは闘牛場の喚声、イタリアでは水の都ベニスを思わせる流水の音などの効果音が流れ、その合い間に「パリのめぐり逢い」「枯葉」などの曲がオーケストラで流れてくるといった趣向なのだ。

しかも、国境を通過する際には、その旨、女性の声で英語のアナウンスがあり、枕元のスピーカーからは列車の走行音が流れてくるというから、そのコリようたるや、もう頭が下がる思い。〉（「週刊アサヒ芸能」一九八一年七月三十日号）

取材した記者も頭が下がる思いとあるが、同感である。ここまでいくと、ベッドではなく、芸術作品である。

後に、こういった様々なベッドが設置された「ディズニーランド」という部屋まで登場したのだから、そのことからも当時のアイデアベッド大盛況の様子がうかがえる。

ラブアイテム3――装置、仕掛け

ベッドからはじまった装置や仕掛けは、やがて部屋や風呂にも広がっていった。

【エレベート・ベッド・ルーム】

〈ここにはベッドがボタン一つで上下する「エレベート・ベッド・ルーム」。ベッドどころか部屋全体が上下して〝ミニ・ガーデン〟が見えたり消えたりする「エレベート・ルーム」。〉（「週刊アサヒ芸能」一九六七年八月十三日号）

【震動計】

〈この両館にはベッドのはずみのところに〝震動計〟なる奇妙なハカリが仕込んであった。四回ほど例の運動をすると、たえなるミュージックとともに噴水が七色のシブキをあげてくれる。彼氏のフンスイではないから念のため。〉（「週刊大衆」一九六八年十一月十四日号）

【アオカンルーム】

〈ジュウタンを芝生に見たて、フカフカのグリーンのジュウタンに小さな丘や凹みをつけ、ところどころにバイブレーターやゴロを埋め込み、部屋全体が芝生の庭。

太陽灯がサンサンと降りそそぐ下で、〝アオカン〟ムードをたっぷりたのしむものまで考案。〉（「週刊大衆」一九七四年四月四日号）

【自画録ビデオ装置】

〈ビデオ装置つきのホテルだ。

操作は簡単。決められたボタンを押せば、テレビの画面に自分たちの行為がバッチリ映し出され、後で再現された映像を見て二重に楽しむのだという。〉（「平凡パンチ」一九七四年七月一

日号）

【カラーライトバス】

〈湯舟が半透明のプラスチックで、しかも下からライトが輝き、彼女の裸身が妖しくバラ色にみえるというのだから結構。ひところは「湯舟の底もプラスチック製で、その下に鯉を泳がしていたんですが、アテられて死んでしまいました」（支配人の話）という。〉（「週刊アサヒ芸能」一九六七年八月十三日号）

【透明風呂】

〈透明風呂ってのを知ってるか。

「キミ、先に入れヨ」って彼女にすすめる。紳士的なのだとカンちがいして彼女は入る。部屋の中でカーテンを開ける。ウワッ、ガラス張りでバスルームが丸見えなのだ。なぜか彼女はまったく気づかない。こっちに向ってヒザをひろげ、安心してキミを迎え入れる部分をシャボシャボ洗ってる。

そんなバカなことが…、アルノダ。こっちからは素通し丸見え、あっちは鏡というシカケ。初めての女のコでも、あの毛相から尻エクボまでバッチリわかっちゃう、バンザーイ。〉（「週

刊プレイボーイ」一九七一年十一月二日号）

エレベート・ベッド・ルームからバンザーイまで一気に羅列したが、どうだろうか、この仕掛けの数々。透明風呂はこの後「サラダボールバス」という、もっとあからさまなものになり、透明の人間洗濯機にまで発展していった。バスルームの発展もベッドと同じく目を見張るものがあり、最終的には人間がザルみたいなゴンドラに乗って、そのままポチャンと浴槽に入れる仕掛けまで登場したというのだから、仰天である。

「最新ラブホテルインテリア戦争」と題された記事には、

〈ビデオ　大人のオモチャ　カラオケはもう古い。ベッドが回転したり前後上下に動くのは常識以前。観音開きの扉を開ければマジックミラーでフロ場が見えるなんてのも普通。〉（「週刊新潮」一九八三年二月十日号）

とあり、エロティックな仕掛けやベッドはもう常識以前とされている。そして、そこで紹介されていたのは、「ベルサイユの部屋」というもの。メゾネット式になっている室内は、一階がベッドルームで、二階が風呂。ボタンを押すと、天井の一部のシャッターが開いて風呂の底が丸見えになるという仕掛けが紹介されている。

……ここまできたら、一体何がしたいのかわけがわからない。

当時の雑誌記事はとにかく新しい装置や仕掛けがホテルに登場すると、大きく取り上げて紹介した。何かが大きく流行ったというよりは、次々に新しいものが登場しては取り上げられるという形であった。第一章であげたサービス合戦のごとく、激しい競争が繰り広げられて、装置や仕掛けはどんどんエスカレートしていったのである。

しかし、当時の記事を読んでいくうちに少々疑問が生まれてきた。こういった装置や仕掛けを本当に利用者は求めていたのだろうか。

ラブアイテムのユーザー評価

電動ベッドが生まれた時、製作者の不安とは裏腹に、客が大きく反応した。亜美伊新氏の話を参考にすると、鏡張りの部屋も客の反応が最初にあり、発展していったものだと考えられる。しかし、電動ベッドが次々と普及し、装置や仕掛けが豪華になるにしたがって、需要と供給の需要対象が変わってきたのではないだろうか。

つまり、ホテル側が提供する装置や仕掛けが、客に対してではなく、話題性や、もの珍しさの方を重視する雑誌に向けて発信されているのではないか？　ということだ。

例えば、この記事を見てほしい。

〈やや変態趣味のある方にはゲテ風呂がよかろう。南海線羽衣駅近くのホテル〝ゲテ風呂〟は

風呂場に仏像や、支那のお地蔵さんを陳列して妖しいムードをただよわせている〉（「週刊アサヒ芸能」一九六七年八月十三日号）

風呂に仏像やお地蔵さんが並んでいたら、色気を感じるどころか、逆に怖い。変態趣味のある方にと書いてあるが、神仏に興奮を示す客などごく稀《まれ》であろう。なぜこんな、みうらじゅん氏にしかウケないような風呂を作ってしまったのか。話題性と他ホテルとの差別化が目的だったのかもしれないが、あまりにも客の立場を無視しすぎている。

実際、エスカレートしすぎていたベッドや装置に難色を示す意見もあった。電動ベッドが様々な雑誌で注目を浴びていた一九七〇年の記事である。

〈「電動ベッドなんて寝心地いいもんじゃないんですワ。ボタン押して利用するのは三組に一組くらいのもんでね。私のところは二年前に買ったばかりですけど、とりはずしちゃいました。捨てるのももったいないから、いま私がつかってますが、心地よくないですわ」〉（「週刊文春」十一月二日号）

電動ベッドを持ち上げるような記事が多い中、寝心地が悪いという意見があった。確かに、睡眠をゆっくりとるのには適していないベッドだとは思うが、三組に一組しか利用していないというのは、一ホテルオーナーの個人的な意見であっても、電動ベッドがすべての客に喜んで受け入れられていたわけではないということを、改めて考えさせられる。

また、電動ベッドの事故などを取り上げた記事も時折見かけられた。

〈電動ベッドや新幹線ベッドは話のタネに一度利用してみる程度のもので、実際にはキイキイ音がしたり、装置の故障で、せり上がったままストップ。

客はシーツを裂いて綱をつくって、やっと床におりるといった事故があったり、話に聞くほど面白いものではないという。〉（「週刊大衆」一九七四年一月二十四日号）

これと同じように、回転時に衣服が巻き込まれたり、仕込まれたモーターが古くなって動かなくなったりと、電動ベッドの故障や事故は、跡を絶たなかったようである。メンテナンスが行き届かないというのは、前述した電動ベッドの仕掛け人である加藤氏も嘆いていた。

他には、精神的に難色を示す意見も出てくる。

〈もう一つ、変わったのは浴室と隣室との間のスリガラス。一時はこれが大流行したが、最近は壁で遮断したホテルが多くなった。のぞかれていると思うと落ち着かない、からかわれている感じ、男だけがいい気になっている——など、女性客に不評なことがわかったからである。

「要するにラブホテルの設計がほとんど男性サイドのもので、それが女性にマイナスの働きかけをしていることが多いのに、気づいたんです。（中略）たしかに私も、一時はベッド・メカニズムに工夫を凝らしましたが、これは明らかに間違っていました。その証拠に、最近は目に見えて、昔ながらのシンプルなベッドが好まれるようになったんです。セックスにムードは欠かせませんが、セックスそのものまで機械の手をかりてはいけないんです。いわば、手づくりのセックスのよさが見直されてきたのかもしれませんね」〉（「宝石」一九七七年五月号）

この意見は、私にもうなずける。マジックミラーや、天井が開いて風呂に入ってるところを下から覗かれるなんていうのは、女性の方からすると、まっぴらごめんであろう。

しかし、そんな客の不満もある中で、それでも豪華な仕掛けや電動ベッドは多くのホテルに取り入れられたのである。それは一体なぜなのだろうか。

ラブアイテムが発展しすぎた理由

私は、その理由は二点あったと考える。

まず一点目は、〝話題性が広告の役割を果たした〟ということである。

それまで広告が難しかったモーテルに、特殊な設備を入れることで、雑誌が次々取り上げた。前章で、郊外に建っているモーテルの最大の宣伝方法は外観を派手にすることであったと述べたが、宣伝方法が少ない中、雑誌が特殊設備のあるモーテルを取り上げることになって、大きな宣伝になったということである。何度も雑誌に取り上げてもらうためには、常に面白いものを提供して話題性を作るということが、当時のモーテルにとって不可欠になっていったのではないだろうか。

次に〝客単価の底上げと、客寄せパンダ的役割を果たした〟ということである。

こんな記事がある。

〈経営者の合言葉は「デラックス化」。面白くて豪華なら、料金は高くとも客はくる。

事実、いまや「一泊一万円時代」なのに、師走の夜九時ともなれば「満員お断わり」の盛況なのだ。〉（「週刊ポスト」一九七三年十二月十四日号）

ここにあるように、面白くて豪華な部屋を作ると、料金が高く取れるというのはうなずける。また、面白くて豪華な部屋を一目見たいと訪れた客が、その部屋にスムーズに入れるわけではないということもポイントだったのではないだろうか。

ウェイティングルームが当たり前のように設置されている今だからこそ、利用者にも希望の部屋が空くまで待つという意識がある。しかし、一九七〇年代にラブホテルやモーテルを訪れたカップルが皆、部屋が空くまで待っていたというのは考えにくい。希望の部屋が空いていなかった場合、そのカップルはどうするだろうか。中には、諦めて帰るカップルもいただろうが、せっかく〝その気〟になっているのである。ほとんどが別の空いている部屋を利用したのではないだろうか。電動ベッドも仕掛けも、全室に設置されているわけではないが、一部屋だけでもそういった部屋があると、それだけで大きな宣伝になるのだ。

また、一風変わった面白い仕掛けやベッドは、実際利用して面白かったというよりも、話題性の方が重視されていた。

例えば当時の浴室写真を見てみると、遊びの要素が濃い浴槽と、肩までつかる普通の浴槽と二槽用意しているところが多い。それは、話題性でその部屋を利用しても、快適に使えないから、普通の浴槽も用意したということではないだろうか。

実際、ヴィーナスの気分を味わえると雑誌で話題だった貝形のシェルバスは、底が浅いので、風呂でよく温まりたいという中高年には不評だったという。

実用性ではなく、話題性。ラブアイテムは、途中からその主旨を変えて進化していったのである。

しかし、話題性だけでは、一回利用すれば客は来なくなる。そうなると、ホテルにとって大切なリピーターがつかめない。そこに気が付いたホテルは、また違う策に出た。

女性が喜ぶもの

〈かつてラブホテルの象徴だった巨大な回転ベッドは、いまや次第に影をひそめ、主流は三十万円前後の中級品に移っているというが、その代わりは豪華な化粧台、三面鏡、お湯が噴き出す洗浄トイレなど、女性好みの調度が置かれるようになった。〉(「週刊現代」一九八二年四月三日号)

一九八〇年代に入って、前述したようなラブアイテムの普及が下火になってきた。実質的には、一九八五年に新風営法が施行され、ほとんどのホテルから、電動ベッドや法が定義するところの扇情的な仕掛けが取り除かれたのだが、施行以前からそういった傾向はもう始まっていたのである。

一九八四年二月二十八日号の「週刊プレイボーイ」では、当時の女子大生に人気だった白いマンション風のホテルが紹介されている。グレーや白を基調とした、シンプルな内装が清潔感があって良いとされ、一見マンションと変わらない外装も、入りやすいという点で5点評価の「5」がついている。この特集では、王朝風の豪華なロビーは古臭いと評され、ギンギラギンの建物とSMルームは世界の七不思議、前世紀の遺物とまで表現されていた。

同じ年の「平凡パンチ」(四月十六日号)にも、「ラブ・ホテルにも地殻変動が起きそう」と題されたニュース記事があり、ゴージャスでスケベなホテルから、シックなマンション風ホテルへと地殻変動が起きていることが指摘されている。また、「女性好みのラブ・ホテルがうける!」と題された記事には、

〈ラブ・ホテルもケバケバ時代はもう終わりを告げ、いまやムード時代。

過激な趣向だけを追い求めていれば、利用者のほうも飽きてくる。(中略)「もう、ラブホテル、イコールセックスという考え方は我々の業界では古いんです。愛に必要なのはムードなの

です」〉（「週刊プレイボーイ」一九八四年七月三日号）

と、ホテルのオーナーのインタビューが紹介されている。

ここにきて、ラブホテルは女性の目を意識するようになった。男性に連れ込まれていたはずの女性が、男性と一緒にラブホテルを楽しむようになり、ラブホテルに対しても意見するようになったということではないだろうか。

今までラブホテルには〝女性の喜びそうなもの〟はあったが、〝実際女性の喜ぶもの〟は少なかった。女性が本当に求めるものとは何か？　ということを、ラブホテルが真剣に考えた時、出てきた答えはシックなマンション風外観にシンプルな部屋、化粧台やウォシュレットといった実用的な設備であったのである。そうして、現在の実用的な最新設備が満載のラブホテルにつながっていったというわけだ。

ラブアイテム4――セクシャルグッズ

ラブホテルのシティホテル化に伴い、電動ベッドやエロティックな仕掛けは影をひそめだす。しかし、すべてがシンプル化され、そういったものがなくなってしまったというわけではなかった。ホテルの部屋や設備がシンプル化されていく一方で、まだまだ新たな性具をつくろうとする動きもあった。それが〝セクシャルグッズ〟である。

さるラブホテル経営者が、雑誌上で明かしている。

〈「電動ベッドが人気になったのは、単にもの珍しさだけだったんですよ。実際のところ、あんなものがモコモコ動いたってそんなに気分がいいものじゃない。それに壊れやすい欠点があるんです。その点、いまの器具は複雑な構造じゃないから、壊れにくく、値段も安い。なにより、実用的にできてますよ。それにね、いま、この業界も過当競争でしてねェ。そのなかでリーダーシップを取るには、売り物が必要なんです。ま、あのテのものを置くと料金を高くできるのがミソなんですよ」〉（「週刊アサヒ芸能」一九八〇年三月六日号）

文中の「いまの器具」というものが、セクシャルグッズにあたる。

電動ベッドがホテルに設置されるようになった二、三年後に登場したセクシャルグッズは、ホテル側と利用者のニーズにうまく合致し、広がっていった。

まず壊れにくく、値段が安い。また、大掛かりな工事などは不要で、簡単に部屋に設置できるというのも売りであった。持ち運びできるような小さなものから、人間が座れる椅子型のようなものまで大きさは様々であるが、発展しすぎたデザイン重視の仕掛けや、電動ベッドのように、無意味に大きいというものはなかった。どれも、デコレーションよりも、実用性が重視されていたのである。代表的なものをいくつか紹介したい。

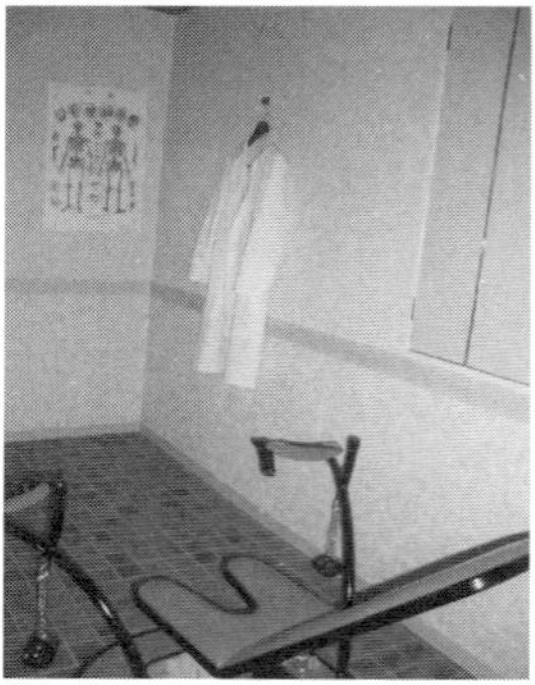

M字開脚診療台

【女王様の椅子】

一九七六年頃に発明された「女王様の椅子」は、大ヒットし、今も現役で使われているセクシャルグッズのひとつである。産婦人科の検診台からヒントを得て出来たモノで、女性が脚を広げてこの椅子に座ると、陰部が中まで丸見えといった状態になる椅子である。

ヒット商品の運命なのか、電動ベッドと同じく「私が最初に考案しました」という人物が何人も出てきたが、産婦人科の検診台からヒントを得たというのは共通していた。これが、当時一脚三十五万円で全国五百脚も出まわったという。

現在は「セクシャルチェア」や「M字開脚診療台」など、メーカーにより名前は異なるが、ソフトSMができる部屋などに設置されていることが多い。

【スケベ椅子】

最近のホテルに一番よく見られるのがスケベ椅子である。〝使い方はご自由に〟ということで、単品やエアーマットとのセットで、部屋に設置されていたり、貸し出されていたりする。

これは、もともとソープランドなどの性風俗施設で使われていたものだった。最初は木製だったのが、後にプラスチック製になり、銭湯にある椅子と同じくらいの高さであったのがだんだんと高くなり、現在は、約四十センチというのがレギュラーサイズである。

椅子の高さは膝の負担を和らげるために、凹みの深さは日本人男性のペニスの平均的長さである十センチにあわせて設定されたという。これらの変化は全て、お客の股間を洗いやすくするために開発されたものである。

ゴールドスケベ椅子

写真は、最新式のゴールドスケベ椅子。くぼんだところに鏡が取り付けられているのが特徴である。これはホテル界の大手グループ、クラブチャペルホテルズが考案したもので、ラブホテル用スケベ椅子といっても過言ではない。もともとは女性が、お客である男性にサービスするために開発された椅子であったのだから、鏡に男性のものを映したところで意味がない。ラブホテルで〝使い方はご自由に〟という、二人で遊べる椅子になり、鏡が付けられたということである。

【ドリームラブチェアー】

セクシャルグッズの最新型が、このドリームラブチェアーである。通販ホームページ（http://www.e-nls.com/）の宣伝文を引用すると、

〈人間工学に基づいた開発を得意な発明家が、福祉目的に巨額の開発費を投じて完成した全自動SEXチェアー。海外では1年で数万台と自動車にも匹敵するほど販売され、某国では国が買い上げるほど完成度された商品です。男性主体の道具に見えますが、ホテル設置店では女性客に大変な人気があるそうで、リピート客の多くも女性から望むそうです。〉

〈■永久磁石と電磁石による前後動作（5段階のスピード調節可能）
■永久磁石と電磁石による回転動作（10段階のスピード調節可能）
■2種類の振動バイブレーション機能
■女性用椅子の上下動作
■リクライニング機能
■暗闇でも利用可能な各種ライトアップ機能
■ひじ掛台、足掛台、腰掛台によるリラクゼーション
※女性主導型ですので、リモコンは女性椅子に全て備え付けてあります。

ドリームラブチェアは淫靡さを感じさせるアイテムではなく女性をターゲットにしている為、

非常に清潔感がありどんな種類のお部屋に設置しても違和感がありません。また抵抗感の強い女性のために電気を消してもご利用いただけるライトアップ機能も充実しております。勿論スイッチも女性側に備え付けてあります。〉

これは、私も初めて見た時、びっくりした。とにかく何から何まで配慮が細かい、そして動きが面白い。

ドリームラブチェアー総代理店（有限会社ＡＤ－Ａ）代表の木村守氏によると、海外では、一回いくらという形で客が機械にお金を入れて動くというシステムだという。それが日本では設置してある部屋を利用すると使い放題ということで、非常にお得らしい。

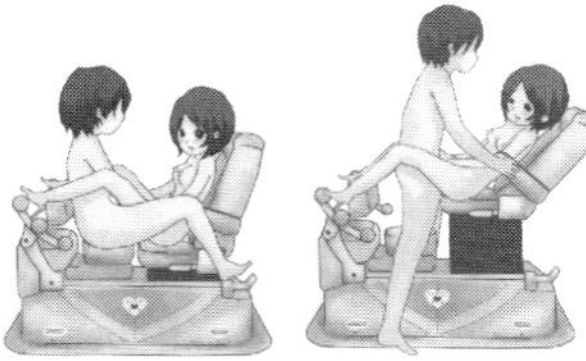

ドリームラブチェアー

また、大阪ではドリームラブチェアーに高級ダッチワイフを乗せてプレイできるという店もあるとか……発想が豊かというか、その応用力にも驚かされた。

このドリームラブチェアーは、女王様の椅子やスケベ椅子とはまた違う、現代的な特徴を持っている。それは、女性への配慮である。

ラブホテルがシンプルで清潔な空間になったのも、そこに置いてあるセクシャルな装置がこのように変化していったのも、〝女性が喜ぶもの〟を重視するようになったからである。

他にも、「ラブランコ」（ガラス張りで下からのぞける仕組みになっているブランコ）、「マンコピー」（椅子のなかにコピー機が入っていて、マン拓がとれる機械）などが開発され、雑誌などで紹介されることはあってても浸透はしなかった。いかにも男性側しか楽しめないようなものは消えていったのである。二人で楽しんで使えるもの、女性を喜ばせるのに役立つものは、今でも残っているものが多く、おそらくこれからも発展した形で受け継がれていくのではないだろうか。

第四章

ラブホテルをつくる

全国のラブホテル軒数

日本に、ラブホテルは何軒くらいあるのだろうか。メディアでは三万七千軒や四万軒などと言われているが、それも番組や雑誌によって異なり、根拠も曖昧である。警察や役所でさえも把握できていない。

なぜなら、現在のラブホテルの数をきっちりと調べることはほとんど不可能だからである。唯一の方法は、一軒一軒歩いて確かめてまわること。それ以外にはない。

理由は、現在のラブホテルは、ラブホテルであって、ラブホテルではないからである。

一九八五年二月十三日に「風俗営業等の規制及び業務の適正化等に関する法律」（新風営法）が施行され、「専ら異性を同伴する客の宿泊（休憩を含む）の用に供する政令で定める施設を設け、当該施設を当該宿泊に利用させる営業」としてモーテル・ラブホテルが、「店舗型性風俗特殊営業」のひとつとして位置づけられた。

それまで厚生省が管理していたラブホテルが、警察の監視下に置かれることになり、今まで曖昧であったラブホテルの形態が具体的に記された。すなわち、法が定めるところのラブホテルの定義ができたというわけである。

例えば、食堂及びロビーの広さが一定の基準以下なら、ラブホテルである。客と対面式の料金の受け渡し、鍵の授受を行うフロントがなければラブホテルである。動力により、振動したり回転するベッドがあったらラブホテルである。横臥《おうが》している人の姿態を映すために設けられた鏡（一平方メートル以上のもの）があればラブホテルである。浴室のシースルーガラス、自画録ビデオ装置など〝扇情的な〟仕掛けがあるのはラブホテルである……といった具合に。

これは、ラブホテルを禁止する法律ではなく、こういった条件を備えた施設をラブホテルとみなすという法律であった。禁止されたわけではないが、そのままラブホテルとして営業するとなると地域制限や広告宣伝の規制が厳しくなり、警察の任意の立入検査もいなめない。それは、経営者にとっては、面倒な話であった。

しかし、この法律には抜け道があったのである。

別の視点で見てみると、一定の広さのロビーやレストラン、フロントなどを設置し、いわゆる扇情的なベッドや仕掛けを置かなければ、ラブホテルではないということになる。すなわち、条件さえクリアすればラブホテルもモーテルもシティホテルも区分けなく、当局の認知を得ることができるというわけだ。

ラブホテルではないラブホテル

〈渋谷の円山町や新宿の歌舞伎町などは、ラブホテルが建ち並ぶ街というイメージがある。しかし、この二つの地域のホテルを「ラブホテル」の届けのあるものとないもので色分けして地図にシールを貼っていってみると、意外なことに「ラブホテル」ではないホテルが少なくないことがわかる。実際、新宿・渋谷地区内にはおよそ300のホテル・旅館等があるが、警察署に届け出をしている営業所は半分に満たない。すなわち、外見上、人びとが「ラブホテル」と判断するであろう建物が、法的区分では通常のホテル営業になっているのである。〉（山本功「ラブホテルに関する調査研究報告紹介」「季刊社会安全」二〇〇一年六月、財団法人社会安全研究財団）

このように、ラブホテルの届け出のないラブホテルは、現在当たり前のように存在している。この研究報告にある新宿・渋谷区のようなホテル街でなくとも、一般認識ではラブホテルとされている施設が、通常のホテル・旅館として登録されているというのは珍しい話ではない。保安に届けられているラブホテルの数と、旅館業法上、厚生労働省に届けられているホテルの数は一致せず、ホテルの数はわかっても、営業形態でラブホテルかどうかはわからないというのが現状なのである。

では、どういう形で〝ラブホテルではないラブホテル〟は作られているのだろうか。

多くのラブホテル建築に関わったコンサルタントの堤博史氏（株式会社アルデバラン代表）に、実際に建てる際の話を聞いた。

「ラブホテルとして法的に見なされているのは、フロントを通らずに客室にチェックインできるワンルーム・ワンガレージのホテルですね。また、フロントを通過する形態であっても、三十平方メートル未満のロビーと三十平方メートル未満の食堂スペースであれば、ラブホテルとしての届け出が必要になります。

適用除外要件という言い方をするんですが、収容人数によって変わるんですけど、ロビーとレストランがそれぞれ五十平方メートル以上あれば、ラブホテルにはあたらないんです。最初の建築段階において、ラブホテルの届け出が不必要なように設計します。それが一般的です。風営法上の届け出が必要な建築設計はしません。九九・九パーセントのホテルがそうですよ」

また、現場での具体的な生の声も聞けた。

「法律的なことがあって、ラブホテルはビジネスホテルで申請するわけよ。で、ホテルを建てる。ビジネスホテルはどうしなきゃいかんかとかは、法律にあるわけよ。ロビーを作る、ロビーにトイレがある、共用のレストランは作らないかん、でもそんな広い場所をとったらホテルは儲からんわけよ。でも法律っていうのは抜け穴があってね、はい規定どおりできましたゆうて役所がハンコ押したらやね、それでオープンできるわけ。オープンしたら、食堂も全部、部屋にしてしまうわけ。これもったいないよー。ロビーのトイレも、調べに来るから簡易トイレじゃなく、TOTOとかのちゃんとしたトイレ。で、保健所、消防署がチェックくるでしょ、その晩にばーん潰すねん。もったいないよー。まっさらの便器、その日に潰して捨てるわけや。僕がそう言うたからって、全部のホテルがそうしてるわけじゃないけどね」（ラブホテルコンサルタント）

「ラブホテルは宿帳いらないし、フロントにも実際、人は立ってないですからね。公には言えませんが。建てる時の監査用に一応フロントを作っても、実際使ってないホテルが多いですよね」（ラブホテル経営者）

「保健所なんかのすべてのチェックが終わった後、二期工事します。夜中の二時とかにね。大変ですよ」（ラブホテル建築家）

これらは、ラブホテルの定義から外れるように建築したものの、実際使わないフロントや食堂などをまた違う形に改築するという意見である。もちろんすべてのホテルがこういった二期工事をしているわけではない。食堂スペースを食事もできるウェイティングスペースとして利用したり、フロントも、目隠しフロントまたはオープンフロントにして使っているホテルも多い。中でもオープンフロントは数年前までは考えられなかったものの、ラブホテルへの羞恥心《しゅうちしん》が薄くなってきた現在は、逆に信用が高まるという理由で積極的に取り入れるホテルも増えてきた。

オープンフロント

目隠しフロント

　ここで注目したいのは、ラブホテルの柔軟性、すなわち移り変わる時代への対応力である。法の規制から逃れるため、扇情的な仕掛けがはずされ、外観も内装もシンプルになったというのも確かであるが、前述したように新風営法が施行される以前からマンションのようなシンプルなホテルが女性にウケるようになってきた。ラブホテルではないラブホテルは、規制対象外になり、なおかつ利用者からも評判がよかったのである。

　それだけではない。扇情的な仕掛けのないシンプルな部屋は、工事費が安く済むという利点もあった。ラブホテルではないラブホテルは、ピンチをチャンスに変え、一石三鳥を得たというわけである。

登録上は減少したラブホテル、モーテル

それでは、実際ラブホテルとして利用されている施設が、法律上ラブホテルではないという現状を、取り締まる側はどう見ているのだろうか。警察関係者がプライベートでラブホテルを全く利用していないということはないだろう。誰でもわかる、届け出上ラブホテルではない、事実上ラブホテルを見て見ぬふりしているのだろうか。

警察関係者に話を聞いてみた。

——ラブホテルという届け出をしていない、事実上ラブホテルは当局ではどのように把握してるんですか？

「色んな抜け道があるんでね、誰もいないフロントを作ったりとか……。そういうのは正直暗黙の了解です。

色々規制がかかるじゃないですか？　広告宣伝の規制もかかるし、そういうのを嫌がって（届けを）出してないホテルもあるということはわかってます。プライベートで行く時は、まぁ、見て見ぬふりしてると思います。

正直、現在は回転ベッドとかそういったもので取り締まれないですから、ザル法だといわれていても、しかたないと思っています。数だけみたら、減少してるんですがね……（苦笑）」

確かに、警察が管理している全国のラブホテルやモーテルの営業所数の推移を表した資料では、一九八五年に三千八百四十二軒あったラブホテルは、二〇〇四年には二千八十四軒に、同じくモーテルも六千八百五十八軒から四千四百二十四軒になったと報告されている。登録上、数が減少したというのは確かに間違いないであろう。しかし現実は……。文中に（苦笑）と書いたが、本当に苦しそうに笑っていた。警察関係者いわく、ラブホテルの扱いは非常に難しいとのことである。

ラブホテルそのものに問題があるというよりは、その中で行われる犯罪を防ぐために取り締まる必要があるとのことだった。

しかし、密室空間で犯罪の温床になりやすいのは、シティホテルもしかりである。なぜラブホテルだけが、ここまで取り締まりを受ける対象になるのだろうか。

ラブホテルは、連れ込み旅館と呼ばれていた時代から多くの法律によって規制を受けてきた。例えば一九五八年頃「連れ込み旅館」排斥運動が高まった時に改正された旅館業法では、客室の面積や広告等が規制された。一九七二年にはモーテル反対運動が高まった結果、風営法が改正され、ワンルーム・ワンガレージ式のモーテルが禁止された。この改正のきっかけになったのは、両方とも住民運動である。

一九七二年のモーテルの規制に関して、先ほどの警察関係者に聞いてみると、次のような答えが返ってきた。

「当時のことを記した内部資料によると、モーテルは秘密性があり、勝手に入っていって、顔も見られない作りで、性犯罪を誘発するから、もともとPTAの方からモーテルを規制してくれと言われたみたいです」

要するにラブホテルやモーテルを取り締まる、最初のきっかけは近隣住民のクレームであったということだ。

買春や殺人事件、覚醒剤などといった、ラブホテルで起こる犯罪は確かに多く、しばしば新聞などに取り上げられる。同じ密室であっても、シティホテルなどと比べた時のイメージの悪さは拭《ぬぐ》えない。

ラブホテルは住民から煙たがられる存在なのである。

ラブホテルと住民運動

ラブホテル建築反対運動は、現在でも全国各地で行われている。

一九八〇年代後半からは、前述したラブホテルではないラブホテルの建設をめぐって、様々なところで紛争が起きた。この場合は、新しく建つホテルを周辺住民がラブホテルであるとして反対しても、届け出上はそうではないので、簡単に建設許可を取り消せない。皆さんも、そういった記事を時折新聞で見かけることはないだろうか。

多くのホテル建築に携わってきたコンサルタントに、その辺りのことを聞いてみた。

「厳密にはリゾートホテルとかシティホテルとかビジネスホテルというような区分はないんですけど、仮称として、そういう名前を入れることがあります。わざわざラブホテルという書き方をすると、近隣住民の反対運動を受けることなんかもありますので、ラブホテルと書くことはほぼないですね。ラブホテルという旅館業法上の区別がないので、通常一般のホテルとして、建築看板を立てます。

それでも、住民説明の際の説明不足で引き起こされるトラブルはありますね。その時には、最終的に、施主側が折れる形で建築を断念して終わりました。

裁判になっても違法ではないので、最終的には施主側が勝訴するんですけど、地方自治体の方で建築の差し止めをするというのはありますね。勝訴しても建てられなかったというケースもあります」

最初から住民運動が起こらないように配慮するものの、いざ起こってしまうと、なかなか難しい問題だという。

「ホテルを建築する際に抱える大きい問題はやっぱり住民運動ですね。特にモーテルなんかの場合は、郊外型でしょ。近隣のひとは大反対するよ。法的な許可を得てる場所は、それを前面に打ち出して我慢してもらうより他ないけど、そこがやっぱり一番大変です。

表に見えるものを撤去してくださいというのは、通学路に面してる場合が多いですね。せめて子どもの目には触れさせたくないという親心でしょうね。ネオンとか看板とかそういうのにはね、うるさいです」(野村岩男氏 元三陽建設代表、株式会社アインエステート会長相談役)

ホテル側は、そこがラブホテルではないことをアピールし、住民側は、それならば目に付くラブホテルらしいものをすべて撤去するようにとの条件を出す。ラブのシグナルを色濃く発する看板やネオンサインが争点の中心に上がるというのにはうなずける。

住民運動と関わったオーナーの話も聞いてみる。

「マリアテレジア高槻店の建築時に、一年半くらい住民運動がありました。それでうちは外に料金表示を出してないんです。出したらラブホテルやろっていうことで。

ここはラブホテルじゃないというか、システムと料金体系で、ラブホテルのいいとこは取りますが、シティホテルのいいところも取りますと。カップルも当然来られるし、どんなお客さんにでも喜んでもらえるようないいホテルを作りますということです。皆さんが考えてるような既存の連れ込みとは全く違ったホテルを作ります、今まで、どこにもないホテルです、ということでやりあったんですが……。

解決策は、まあ、外に看板を出さない、裏の住宅街の方にネオンをつけないとか。垂れ看板も言われましたよ。でもだんだん何も言われなくなってきましたね。

結局、ビジネスに見えないホテル＝ラブホテル＝セックスの場所＝青少年の健全な育成に悪いとか、犯罪の温床になるとか、性犯罪的なものがイメージされたりとか、非道徳的なものが連想されたりするみたいですね」（ホテル経営者・西村貴好氏）

実際、様々な条件を呑んで建てられたというホテルでも、しばらくすると外看板や垂れ看板、ネオンも付いている。住民運動が起こった結果、建設中止になった例もあるので一概には言えないが、一旦建ててしまえばこっちのものだというのはどこのホテルも一緒のようだ。

条例の落とし穴

住民運動とともに、ラブホテルを建築する際のもうひとつの問題は、地方公共団体などが規制する条例である。各市や自治体によって異なるが、十五平方メートル以内の部屋を作ることや、ベッドの幅をシングルにすることなどを義務づけ、別の規制でラブホテルを建てられないようにしている条例が多々ある。

しかし、その条例によって、また別の問題が生じていると前出の西村貴好氏は言う。

「建築基準法というのがあって、それは大枠のものなんですが、一番問題なのは条例なんですよね。市とかは、ラブホテルが建てられないような条例を用意してあるところが結構あって、僕が一番つまらないと思うのは、ホテルを建てるという時に、半分はシングルルームにしなければいけないという、そういうくくりが結構あるんです。ほとんどの市がそうですね。

例えばアメリカだったら、全室スイートルームなんかが全然いかがわしい目的じゃなくて、ビジネスマンがゆったりと過ごすとか、そういうことでいけるんですけど、部屋数の半分を十八〜十九平方メートル以内にしなければならないとなると、ものすごいしょーもない部屋を作らないといけなくなるんですよね。そうなると、ホテルの大きな部屋で、大音量で映画を観たりとか、自宅とは違う空間にしてあげたい部分をものすごい阻害するんでね。

逆に狭い部屋を作ると、それこそ連れ込みみたいな部屋になるんで、時代と合ってないなというように思うんですけどね」

ラブホテル建設を防ぐために定められた条例が、逆に連れ込み宿のような部屋を増やす原因になっているというのである。

ラブホテルにとって厳しい条例が定められても、その条件を呑んで十五平方メートルほどの部屋をいくつも作って新築のホテルが建てられることはある。狭い部屋は料金を安くせざるをえない。そうすると、未成年やホテルヘルスなどの利用率が高くなり、逆にいかがわしいホテルになってしまう可能性が高い。ホテル側も犯罪などには当然関わりたくない。できれば広くていい部屋をたくさん作って、ホテルの質も客単価も上げたいと考えている。しかし、条例があるのでできない。そのような皮肉な循環が起きているのが現状なのである。

ラブホテルを取り巻く法律や条例、住民運動には、まだまだ大きな課題が残されている。

第五章

ラブホテルを経営する

危ない世界の人がやってるの？

「ラブホテルって、どんな人が経営してるの？」

私がラブホテルの研究をしているというと、よく聞かれる質問のひとつである。私は逆に聞き返す。

「どんな人が経営してると思う？」

すると決まって言われるのが、「これ系の人？（頬を切るポーズ）」。次に言われるのが「向こうから来た人？」（私が在日韓国人三世なので、その関係で研究を始めたと思う人も多い）。いずれにせよ、あんまりイメージはよくないようだ。

正直、私自身も研究でラブホテルに関わるようになるまでは、そういったイメージを持っていた。ラブホテルは、危ない世界の人がやってるんだろうなぁ……と、ただなんとなく思っていた。しかし、実際様々な経営者に会ってみて、知らないのにイメージだけで決め付けていた自分の先入観が一番危なかったのではないかと、今は思う。

外からきた経営者

ラブホテルの経営者は、出身が様々である。

例えば関西には石川県出身の経営者が多い。そのルーツを辿ると、なんと豆腐屋さんとお風呂屋さんにつながる。

「昔、大阪のお風呂屋さんの八割は石川県人やったんですよ。で、石川県から出てきて、銭湯をされる方と、お豆腐屋さんをされる方の、ボスみたいな方がいらっしゃって、それぞれ成功したんです。それで、その働き手というか労働力のために、石川県からどんどん人を呼んだんですよ、大阪来て風呂屋したら儲かるよって。それから、のれん分けみたいな形で銭湯が増えていったと。かたや、お豆腐屋さんも増えたと。そのなかの次のビジネスとして、お風呂屋さんや豆腐屋さんからホテルをやられる方が出てきたんです。

石川県の方でも、加賀の出身の人で、銭湯で成功しはった人は、加賀からみんな身内を呼んだんで、銭湯やってる人は加賀の方が多いんですよ。小松とか、南のほうですね。で、お豆腐屋さんをされる方は能登の方、北のほうですね。

昔は加賀と能登っていうのは非常に仲が悪かったんですよ、片方は夜が遅い仕事で、朝は昼まで寝てると。お豆腐屋さんは朝が早い仕事で、夜も早く寝ると。生活スタイルの違いもあって、加賀と能登は昔仲が悪くて、その二つを仲良くしようというのがこの加能会の発足のいわれだそうです」（加能会関係者）

豆腐屋や銭湯を営んでいた石川県の人々がなぜラブホテル経営に関わるようになったのか。

前・加能会会長である江前淳氏が説明する。

「まあ、ステップアップというか、豆腐屋さんで資本貯めて、お風呂屋さん。またそれで資本貯めて、売却してホテル。大体そういう順番です。

お風呂屋さんは、業務的に似てたからよかったというのはあるかな。お風呂屋さんの延長みたいな感じでね、それより儲かるし。

その当時はまだ斜陽じゃなかったけれども、お風呂屋さんゆうのも大変な仕事やわね。豆腐屋さんも大変な仕事でね。よその土地から来たモンには、人がやりたがらない重労働の方が比較的多いわけよ。それよりかは、ホテルの方がいいよゆうことで、次々とホテル業を始めたんです。最初、山下清海さんゆう人が我々グループのなかで、一番先に始められたわけ。それで、当時はね、連れ込み宿やら、そういう感じで、部屋さえあればいいよゆう感じやったわけです。それでもいっぱいお客さん、並ぶくらい来たわけですわ。で、それがテレビ付きとかね、ちょっと設備をよくしたら、どんどんお客さんが来たんです。夏の暑い時、冷房なしでも、お客さん来たね。ほんでまあ儲かったと。

一軒店作るのに、本当は銀行から融資受けてやるんだけれども、当時は銀行も相手にしなかったから、建築の費用を手形決済にしてた。それで早かったら三年か四年で全部償却できたと。それくらい流行ってたんですわ。山下さんが始めて、すごい成功しはったんで、みんなその後に続いたんですわ」

この章では加能会の関係者を中心に話を聞いたが、この他にも関西には徳島や広島出身の経営者も多く存在する。その土地で古くから旅館を経営していたというのももちろんであるが、ラブホテルの経営者は、他府県から出てきて……というパターンが非常に多い。また人が嫌がる職種であるからよそ者がやりやすいという点では、在日外国人の経営者が多いというのもうなずける。ラブホテルを経営するということは、マイノリティという立場の人々が富を得るための、少ない選択肢のひとつだったのである。

ラブホテル街の成り立ち

ラブホテル街の成り立ちも地域によって異なる。

モーテルは、一軒のホテルが流行って、その周りに次々とできたというパターンが多い。土地が安いからという理由で都会のホテル経営者が、山の中や畑の真ん中にホテルを作る。その繁盛ぶりを見て、地元の農家や小金持ちがホテル経営に乗り出すといった具合である。一九六〇年代からホテル建築に携わっていた野村岩男氏（元三陽建設代表、株式会社アインエステート会長相談役）は話す。

「モーテルが流行りだしたひとつのきっかけはね、市内は土地が高かったけれども、郊外は土地が安かったんですよ。それに国道沿いというより、国道からちょっと入ったとこ、普通では土地の安いとこ、そのへんのとこを狙って建てたもんやからね。

郊外の場合は後から参入してきた人が多いでしょうね。赤線出身とかじゃなくて。土地を持ってた農家の人が、現金収入になるからゆうてはじめたりとかね」

街中のホテルはもともと赤線地域がホテル街に発展したという所や、利用者のニーズが反映されてホテル街になった所など様々である。

例えば、東京で有名なラブホテル街である渋谷・円山町は、戦前は花街として知られていたが、今や歌舞伎町や上野を超える数のラブホテルが軒を連ねる。渋谷ホテル旅館組合相談役の有賀千晴氏によると、きっかけは戦時中に焼け残った一般民家が一時の生活の糧を求めて旅館業を始めたことで、岐阜県・白川村がダム建設で水没したことも大きいという。職をなくした白川村の人びとが上京し、渋谷で四畳半の旅館を営むことになったのが現在のホテル街の前身であり、円山町に川の付く名前のホテルがあるのは、その名残《なごり》であるという。

そうして連れ込み旅館の軒数が増え、モーテルや洋風の（連れ込み）ホテルに発展してくると、他業種もどんどんホテル経営に関わってくる。

経営に乗り出す様々な人々

〈「たしか『A《エース》』は〝七人の刑事〟の堀雄二さんの奥さんが経営者になっています。それから、東京でバーやキャバレーを経営している人とか、不動産屋さん、台湾の方とか韓国籍の方とか」（御殿場モーターホテル協会会長、勝又正造氏）〉（「週刊大衆」一九七二年四月十三日号）

〈五月みどりが渋谷で、宮城千賀子と大瀬康一が御殿場で、また優等生タレントの坂本九も、湯河原でサイドビジネスのホテルを経営しているとか。

数年前までは、モーテルといえば農家の副業が多かったが、現在では大企業が、この分野にも進出してきた。〉（「週刊大衆」一九七四年四月四日号）

これらは、芸能人がラブホテルの経営をしているということを取り上げた記事であるが、ここにあるように、一九七〇年代に入ると、様々な人々がラブホテルの経営に携わるようになった。

ラブホテルの不動産売買を行う株式会社トレス・プロンプション代表の松村元徳氏が説明する。

「不動産を見に来る人は、新規で始めたい人が多いですね。商売をやったことがなくて新しく始めるという人よりも、カーディーラーとか不動産屋さんとか、本業があって、お金ができたから、それをうまく運用する方法のひとつとして（ホテル業を）始める方が多いですね」

ラブホテルの経営者は、そこに至った経緯も様々で、とてもひとくくりにはできない。

なぜそんなに様々な人間がラブホテルの経営に関わっているのか。

それはラブホテルが、〝儲かりそう〟だからである。ラブホテルには、前述した危ないイメージとともに、儲かっているイメージがあるのではないだろうか。

私が取材に行くと、驚くような豪華な応接室に通されることがある。この業界で成功するということは、ここまでのものかと驚いた。しかしその反面、家族ぐるみで細々と経営している所も少なくはない。現在は、ラブホテルを経営したからといって必ず儲かるというわけではない。それでは、なぜラブホテルには儲かっているイメージがあるのだろうか。

それは、実際に何もしなくても利益を生んだ時代があったからである。ラブホテルには、建物さえ建てれば、あとは他人任せでやっていける夢のような時代があったのだ。

楽して儲かるラブホテル経営

コンサルタントのビタミン三浦氏はこう語る。

「今はちょうど代替わりの時期で、六十代から七十代のオーナーさんが多いですね。それで、昔ながらの考えでやってる。サービスなんかしませんよ、部屋の掃除もそこそこ、昔ながらの絨毯で、前の人のぬくもりが残ってるようなにおうような部屋。でも昔はそれでもどんどん人が来たの」

この昔ながらの……というのが、何もしなくてもよかった時代のことであるが、経営者と直接関わることの多いコンサルタントやデザイナーから、ラブホテル経営のそういった部分に疑問を抱いている声をよく聞く。

建築デザイナー・玄子邦治氏もその一人である。

「この業界が真似しい業界なんは、プライドがないからですね。好きでやってる商売じゃないからね。企業がお金儲かって、銀行にどうしようかと相談したら、（ラブ）ホテルでもやったら？　といわれて、そんなもん世間体悪いからと、こそっと二号さんにやらしたりというパターンとか多いですからね」

玄子氏は、自身の本の中でもこう書いている。

〈そもそも、ラブホテルは連れ込み空間としての饂飩（うどん）茶屋にルーツがあります。一方で、一般の宿泊ホテルはｈｏｓｐｉｔａｌｉｔｙ（もてなし、歓待）に起源がある。そうした歴史があるからか、「どうせラブホテルは饂飩茶屋の延長やないか」と、どこか卑下した気持ちを持っているオーナーが多いようです。いまでも私の事務所に来ると「まあ、とりあえずなんでもええわ」といわれる方が少なからずいます。（中略）オーナーもデザイナーも「しょせんはラブホテル」という認識で、それくらい業界のレベルが低かったのです。〉（『集客のカギは「時の環境」にあり』日経ＢＰ企画、二〇〇五年）

私は一度、インタビュー中に経営者の涙を見たことがある。ホテル業界では大きな成功を収めたであろうその人が、自分を取材しに来てくれて嬉しいと泣くのだ。

玄子氏の本にあった〝じょせんはラブホテル〟と思っているオーナーは確かに多い。しかし、その意識は、〝じょせんはラブホテルでしょ〟という周りの評価が作り出したものではないだろうか。

ホテルと他の業種を掛け持ち経営しているオーナーの名刺には、ホテル業が中心であっても、もう一方の職業だけが記載されていることが多い。それだけ、ラブホテルを経営しているということに、何らかの後ろめたさを感じているのだろう。ラブホテルは長年、世間からは迫害を受けてきた商売だったのである。

なぜラブホテルを経営することになったのか?

インタビューに行くと、必ず聞くのが、この業界に関わるようになったきっかけである。

「親がやってたので、それをそのまま引き継ぎました。この業界は、今は二代目が多いですよ」(ラブホテル経営者)

「元々は住宅建設会社みたいなのをやってて、景気が良かった頃、うちの先代みたいな会社がよくやったのが、テナントビル買ったり、ようは資産王。その中にラブホテルもあったみたい

な感じです。他にもいろいろやってて、一事業的な感じで始めたみたいです」（別のラブホテル経営者）

「私は、喫茶店をやってたんですけど、これからホテルやると儲かるよと聞いて、始めました。経済が発展して、人件費が高くなって、喫茶店なんかやっても儲からなくなってきたんですよ。そうしたら、そういうホテルが儲かるよということで、土地を買ったんです」（また別のラブホテル経営者）

「最初は、工務店をしてたんですよ。建売住宅を扱ってて、戦後の高度成長期に合わせてどんどん家を建てて、それがすごく売れたんですね。そうすると資金がたまってきて、取引してた金融機関がラブホテルやパチンコや金融を勧めたみたいです。いわゆる資産運用ですね。建築の知識があったんで、ラブホテルを選んだみたいですね」（ラブホテル経営会社社員）

一番多い答えは、資産運用。次に親の跡を継いで……というもの。資産運用については、近年になって、ラブホテルファンドなるものも現れた。複数の投資家と運営会社で成り立っている、ホテルの新しい形である。

ラブホテル投資事業にいち早く目を付け会社を設立した、品野修三氏（グローバル・ファイナンシャル・サポート株式会社代表）に話を聞いた。

「ちょうどバブル崩壊後の中で、ラブホテル経営者っていうのが、非常に銀行からの借り入れなどにアップアップしていて、改装資金も調達できないと。ファンド化するっていうのは、個人投資家からみれば資産運用でもあるのですが、ホテル側から見ると、資金調達にもなりうるので……。血液が流れこんでないところに、うまく血液を流してあげると、面白いビジネスが始まるんじゃないかなと思って。ラブホテルの面白さと、資産運用ビジネス、証券化というものをくっつけて、この仕事を考えたというのがきっかけです」

次に、多かった二、三代目経営者の話を紹介する。

「経営者の考えからいうと、うちの先代や先々代は儲かるからラブホテルをしてるっていう……人から見られたら、ラブホテルを経営してるというのはちょっと肩身は狭いけれども、でも儲かるし、不景気にも強いとかね。いつまででも儲かる仕事だから、やり始める人が多いんですよ。

だから経営的なノウハウがある人が少ない。何億かお金さえ用意してしまえば、設計の人が考えてくれる。一室あたりいくらになるというような計算が立って、銀行がお金を貸してくれるというような……。でも、ここ何年かはそれだけでは勝負に勝っていけないというので、経営者の意識が変わっていってるのも現状なんですけど。

だから今はラブホテルも、第二、第三の創成期というか、大きく時代が変わる時だと思います」

利用者に後ろめたさがなくなった現在、経営者側のそういった意識も薄くなってきた。また前述のように、投資事業が生まれて、専門の運営会社が本格的にラブホテルに関わるようになった。

まさに現在は、ラブホテルが本当の意味で運営努力をし始めている、変革期なのである。

ラブホテルができるまで1――小料理屋旅館

それでは、今では当たり前のようにある、ラブホテル＝儲かるという図式はどうやって生まれたのだろうか。ラブホテルは、もちろん最初からラブホテルだったというわけではない。ラブホテルがラブホテルになるまで、そして儲かるようになるまでには、どういった経緯があったのか、ある人物のライフヒストリーを元に追っていきたい。

ラブホテルの創成期ともいえる時代を生きた小山立雄氏は、全国百二十軒のフランチャイズ店を持つ、株式会社アイネシステム、アイネグループ名誉会長である。ラブホテルを全国に広めた、叩き上げの指揮官とも呼ばれる小山氏の話から、ラブホテルの歩みを辿《たど》ってみたい。

「戦前は、公娼制度というのがあったからね、純然たるラブホテルという形をとっているというよりも、昔はお茶屋といってね、料理屋みたいなタイプで。そういうのを主とした、今では高級ラブホテルというようなものが地域を限られてあった。昔、赤線時代にそういうのが許可されてたの。なので、そういう所に女性を呼べる旅館があって、それが〝小料理屋旅館〟という名称だったんだよ。

それで、そこを差配してる女将《おかみ》がいてね、その女将さんが、旅館の御取り持ちをしてるの。そういう旅館には男性がひとりで行くのね。団体でいく場合もあるけど。

そこへ行くと、女将が全部手配してくれるわけですよ。それでプロの女性が来て、お食事しながら遊ぶという、そういう形態が戦前ですね。こういうところは、高級とされてて、ちょっとランクが下がると、簡易旅館っていうのがあった。簡易旅館は部屋が五部屋以上あればよかったの。四畳半の広さで、部屋が五つあれば簡易旅館としてOKとされてたの。お風呂とかもなしでね。旅館だから、その時はだいたいが宿泊という形だった。昼間行っても宿泊になるんだけれども、料金が安いからね、まあ要するに、宿泊で行っても早く帰ってしまう人もいた。料金は五十銭とか……一円というのはなかったね。

我々が学生時代にそういうところに行っても、五十銭以上はなかったね。連れ込み旅館という言葉が使われるようになったのは、戦後ですね。だから、プロが入るところは、さっき言ったような小料理屋旅館。

簡易旅館というのは、大体駅の近くとか裏通りとか、規模は小さいけどね。そういう風なところがほとんどラブホテルとして使われていた。簡易旅館の場合は、プロと入る場合もあるけど、素人同士が使うというのもありましたね。

我々が使う場合には、ほとんど簡易旅館。戦前のホテルは、ホテルと旅館と簡易旅館という三つに分かれてた。ホテルというのは洋室で六室以上とか、面積の広さも決まってたんだけどね。簡易旅館は四畳半で五室あればいいというわけだから、本当に簡易だったの。

それで、我々はそういうところしか使わなかったというか、逆に便利なわけね。駅の裏通りとか、小さな構えの旅館で、そういうところだと出入りするのに目立たないしね」

ラブホテルができるまで2――簡易旅館

「戦後もそのまま、そういうところもあったんだけど、戦後は風営法をきりに、赤線禁止になるでしょう（一九五八年）。そしたら、ラブホテルというものの必要性が出てきたわけだね。そういう場所やプロが禁止されてしまうと、男女交際も今のように自由じゃなかったし、今度はホテルも別の意味で必要になってきた。人口も増えてきたし、部屋を必要とするわけ。

戦後、新大久保の辺りでは簡易旅館がわんわんと出来てきたの。その時にはじめて連れ込み旅館と呼ばれてたね。いわゆる、簡易旅館が発展したものが連れ込み旅館で、それと同時に設備もみんなお金をかけるようになってきたんですよ。

私がやってた五十円旅館は、労働者向けの旅館で、利用客もラブとは全く関係なかったですね。カップル客もあったけれども夫婦が多かったし、主体は労働者でしたね。

大丸旅館という五十円旅館をやってました。〇に大と書いて、大丸旅館。新大久保のガード下で五十円という大きな看板を立ててたからすごく目立ちましたね。その頃は新宿も焼け野原で家もなくて、泊まるところもなかったから、労働者は出てきてもそういうところを利用するしかなかった。だから、まあそういう旅館は満員どころか、玄関まで人が寝てましたね。

そこの部屋数は三畳間が十八室でした。昭和二十九（一九五四）年の十月に創業しました。二十九歳でした。

三畳間に五人寝てもらってましたね。一畳に一人という計算で三人寝てもらって、その上に棚を作って二人寝てもらってました。十八部屋あって、五人ずつ寝てたから、九十人くらい宿泊してもらって、その上、廊下でも人が寝てましたね。それもいっぱいになると、土間に茣蓙《ござ》をしいて寝てもらってました。お風呂も芋洗い状態でしたね。それでひとり五十円。お客がたくさん入って儲かったから、丸三年経って、次の旅館を作りました」

ラブホテルができるまで3——連れ込み旅館

「次の旅館は〝みくに荘〟ゆうて、最初は百二十円でやりました。インフレ時代で、どんどん値段が上がってたから。私は大丸旅館同様、労働者向けにやりましたが、その頃になると簡易旅館をやり始める人が増えてきて、連れ込みみたいなものも増えていきましたね。

本当なら、簡易旅館はラブホテルのようなものとして戦前からあったわけだけど、あの当時は家がなくなって誰も住むところがなかったから、泊まるところがまず欲しかったわけだよね。本当だったら国で浮浪者や労働者を泊める施設を作ればいいけど、国の財政も苦しかったからね。ある程度目先のきく人たちが新宿の方に旅館をどんどん作っていった。

それが今度は昭和三十三（一九五八）年に赤線が廃止になって、ラブホテルがはるかに儲かるって。

二軒目つくった時に、場所が新大久保だったから、新宿の方から流れてくるカップルがいるわけだよね。で、儲かったから、三十五（一九六〇）年に三軒目を作ったの。

三十五年にはじめた〝みくに荘新館〟は、古いアパートを買ったの。そこを旅館に改装したの。あの頃は許可が簡単に出たからね。それに四畳半がいくつもあったの。あの頃のアパートは四畳半がいくつもあって、トイレもなければお風呂もない、ただ部屋だけのアパートだったの。

そこにアベックがどんどん来たんだよ。それでこれはアベック専用にした方が儲かるなって」

それまで小山氏は労働者向けに旅館をやっていたが、みくに荘新館をはじめて、少し空間のプライベート性が高まるとカップルがたくさん利用することを知り、カップルを対象とした旅館は儲かると思ったというのである。その理由を聞いてみた。

――なぜカップルを対象にした方が儲かったのですか？

「アベックの場合は、事が終わったらすぐ帰っちゃうわけだよね。宿泊料金を払って、泊まらずに帰るんだよ。それで、はじめて宿泊料金で回転することがわかって、これは儲かるぞ！って思ったね。それで今度は労働者用の宿泊所よりも、アベック専門の旅館にした方がいいなと思うようになったの。

みくに荘新館は、温泉マークはつけてなかったけど、カップルがたくさん来た」

温泉マークとは、温泉を表す地図記号（♨）のことであるが、一九四〇年代中盤から連れ込み旅館を表す記号としても広まった。くらげを逆さまにしたようなマークであることから、「さかさくらげ」とも呼ばれ、当時、連れ込み旅館の看板や広告には温泉マークが付き、それが連れ込み旅館の最大の目印となっていたといっても過言ではない。なぜ小山氏は温泉マークを看板につけなかったのか。

「温泉マークは風呂・トイレ付きという部屋を作ってはじめて看板に付けられるマークだったんだよ。私がやってたような旅館はトイレも共同だったね。

温泉マークがつくのは、少し高級になってきてからだよ。それまで風呂・トイレ付きというのは本当に少なかった。温泉マークは連れ込みの他に、部屋にお風呂も付いてますよという印だった。

客層は、素人のカップルが多かったと思います。その頃は赤線廃止だったから、旅館側も玄人を入れたら罰せられてたからね。だけど、たとえ玄人でもカップルみたいにして入ってくるから、わからないよね」

ラブホテルができるまで4——レジャーハウス

「私はもともと田舎から出てきたんですね。田舎から出てきて都会で生活するというのは、ものすごく狭いところに押し込められているような気がして。それこそ宿泊所やってる時も、四畳半に親子四人で暮らしてましたからね。私なんか押入れや帳場で寝てて……家族だけで二十四時間営業してたから、すごく疲れ果てていて。

それに宿泊所は、酔っ払いは多いし、ヤクザみたいなのも多いし、それを始末するのに大変なわけでね。それをずっと続けてたから、そこから抜け出したかったんだよ。その時に、モーテルの存在を知って、郊外で仕事ができるというんならいいなって。山の緑の中で仕事ができるっていいなって思って。

それで昭和四十一（一九六六）年の十二月にレジャーハウス美松を始めたの。その頃からモーテルが急速に広まっていったね。友達がモーテルを見に行ってきて、山の中でも結構お客さんが入って盛況だって言ってて。それで、そんな山の広々としたところで商売が出来るんだったら、何を置いてもいこう！　ということになって……」

しかし、小山氏は郊外で建てたモーテルに「レジャーハウス美松」と名付け、看板にもモーテルという文字は記載しなかった。

――なぜモーテルにしなかったのですか？

「モーテルという言葉の発祥はアメリカですよね。アメリカでは、車で入るホテルという意味で使われてますよね。

ところが日本の場合は、モーテルというのはその頃、売春宿と同じだという見方をされてしまっていたからね。

要するに連れ込み旅館とか、簡易旅館とか、小料理屋旅館を田舎に持っていったような、あくまでアベック専門の旅館だって最初から認識されたというか、そういう印象があったんですよ。だから、それらの延長線上ということで、売春を含めたセックス専門のホテルがモーテルだという風に、日本人は解釈をしてしまったというということです。またそれを話題にするほうが面白いから、マスコミもモーテル↓セックス↓売春とどんどん結びつけていくわけですよ。だから善良な者の目からみると悪であるとか、汚らわしいとかそういう風に思われてたね。

最初のうちは、何ができるかわからないから、誰も文句言わないわけですよ。ところが、実際にできると、そこに真夜中だろうと何だろうと一日中車が出入りしてね、男女の出入りが激しくなる。それを見かねて、周りの人がなんだあれは！　ってクレームつけるようになってきた。

だから、そういうことじゃなくて、本当に庶民の憩いの場所であるという、もっといろんなレジャーを楽しんでほしいというコンセプトでレジャーハウス美松をつくりました。松林が美しい場所だったんで、美松にしました」

——ということはカップル専用にはしなかったということですか？

「もちろんです。家族でもどういう人でも、憩いの場所として利用してくださいと。レジャー的な要素もなるたけ取り入れて、皆さんに楽しんでもらおうと」

——当時レジャーハウスというものはあったんですか？

「あんまりなかったね。だから、なんとかして、モーテルという悪いイメージを払拭《ふっしょく》したかった。カップルだろうが、男性同士だろうが、家族だろうが、かまわないという風にしていました」

——料金設定は？

「二時間という数字がでてくるのは、もう少し経ってからです。こっちは最初、時間というものをあまり制限しないで、昼間は休憩で、夜は泊まりみたいな、アバウトにやってました。なので、休憩が三千二百円で、泊まりが四千五百円だったと思うんだけど……。

リニューアルしてからは休憩四千円、泊まり六千円ですね。当時、休憩でこんなに取ってるってすごいことだけど、それでもお客さんは来たよね」

――で、レジャーハウス美松の反響は？

「……最初は全然駄目だった。

そりゃ駄目なわけだよ。松林の丸っきり山の中のわけでさ、道路もあるようなないようなわかんないようなところで。まず、人が通らないよね。農道だから、農家の方が通るかもしれないけどね。普通の人たちは通らないよね。砂利道のデコボコの道なんだから。大体、レジャーハウス美松作った頃は、道路なんてあまりなかったよね。それでも車でなけりゃあ来れないようなとこだったし。

初めて建てるんで、経験がないし、どうしたらいいかわかんなかったからね。とにかく、よそのやつ見に行って真似して、小さな掘っ立て小屋みたいなのを十棟ばかり作ったわけですよ。で、そこに入るのに、農道で車が入って来れないから、ダンプカーに砂利をどんどん積み込んで、強引に車入れて。県道から五百メートルくらい入っているんで、砂利をどんどん埋めながら道を作っていったわけですよ。それで、ホテルを無許可で（笑）。

レジャーハウス美松。ガレージには「空　お部屋にどうぞ」のランプ

最初はお客さんが入らなかったんだけど、一生懸命宣伝すると、一年くらいして、大盛況になってくるわけですよ。建ててから一カ月くらい後に秩父祭りっていう大きな祭りがあって、その日の夜、初めて満室になったんだよね。それでそれをきっかけに噂が広まって、一年くらいしたら大盛況になったね」

――その時の客層は？

「名目上は家族もＯＫにしてたけど、カップルばかりだったね。というのも、あの頃は車を持つっていうのが夢で、そんな中、若い人の車を買う目的のひとつに、彼女を乗せてドライブしたいというのがあったからね。そのために車を一生懸命買うっていうか。だから、車が増えると同時に、そういう客層も増えるというわけで……だからあの頃は、どこにでも建ててある程度宣伝すれば、お客さんが探して来るという感じだったね。山の中のおかしなところにつくっても、半年か、長くて一年経てば大盛況だったんじゃないかな」

ラブホテルができるまで5――モーテル

「一年くらいレジャーハウスをやってみて、山の中でも人が来ることを知ってね。旅館とかホテルとかいうと、街中とか駅の近くとかに作るのが常識のわけだよね。それが山の中で商売ができるというのは画期的なことでしょ。常識を破るというか、非常識だと思うでしょ。だけど実際にやってみたら、そこにどんどんお客が車で乗り付けるということがその時実証できたわけだよね。それで、今後はこれでいくんだということで、すぐに次の計画を立てて、三津に二番目のホテルを建てたというわけですね。

それで、昭和四十六（一九七一）年に『モテル・アイネ』をオープンしました。そこは、大々的にアベック専用としてオープンさせましたね。ちょっとけばけばしいけどね。美松を参考にして今度はどういう風にすればいいかということを色々考えて。できるだけ目立つようにということで。

そこから私は、けばけばしいものを作るようになったわけですけど。美松があんまり、こう地味だから、今度はおもいきって派手にしてみたの。山の中腹に派手な建物を作ったから、道路を通る車からみると何コレ？　みたいなね」

——お城のような外観にした理由は？

「お城のようにしたのは、日本の家屋の形だと目立たないからね。とにかく目立つようにって。部屋を広くして、内装も奇抜にしましたね。全部独自に考えました。

外観は洋風だけど、中に入ると大奥のような部屋があったりね。十二部屋作りましたが、全部違うデザインで作りましたよ。

森林の部屋は、山から白樺の木を切ってきてね、部屋のデザインに組み込んだり、武家屋敷風や宮殿、山小屋風にしたりね。

他のモーテルはここまではやってなかったからね。あの頃は部屋さえ作ればお客さん入ってきたから。お金をかけるということは無駄なことだったからね」

――ではなぜお金をかけたんですか？

「これを作るときにすごくモーテルを研究したわけですよ。いろんなところを回って歩いて。それで、この時に十二坪の部屋を作った。今はもっと広くなってるけどね。その当時十二坪というのは誰もやらなかったの。そんな無駄なことに金かける必要ないって。十坪あったら大きい方だったんじゃない。だいたいが九坪くらいで。小さいのは六坪とか七坪とかで。

だけど私は、人がみんな一所懸命やっていけば、お金持ちになっていく、そして時代とともにみんながリッチな方向へ行くはずだと予測してた。だから、こういうホテルも必ずもっと贅《ぜい》沢《たく》なものになってくると思ったの。特にこういうものは夢を追う仕事だからね。人間の楽しみというか、喜びを味わう憩いの場所というと、どんな贅沢でも追求されていくようになるだろうと」

――値段設定は？

「他のモーテルよりは、少し高めに設定しましたね。休憩二千五百円で、宿泊四千円ですね」

――反響は？

「ここはオープンして割合早く盛況になった。美松は一年くらい苦労したけど、アイネはそんなにかからなかったね。三カ月か四カ月、半年かからなかった」

――システムは?

「この頃は、タッチパネルとかそういうものもまだなくて、フロントが管理していましたね。精算も、フロント係が部屋まで行ってやっていました。対面しないように、部屋の入り口のところに会計窓口というか、小さい窓口があって、そこでやり取りするという感じで。飲食物を

モテル・アイネの部屋

運ぶ時もそこでやり取りしていました。

美松の頃は、普通にドアを開け閉めしていたんだけど、実際やってみて、ここの脇に窓があればいいなと思ったんですよ。あと、もうひとつの問題点は、戸を開け閉めした時の信号がフロント側に必要になってきたわけ。というのも、途中で勝手に帰っちゃってもわかんないわけだからね。それを防ぐためにも、ドアを開け閉めした際に、フロントでブザーがなるようなシステムを加えた。そして、いちいちドアを開けるのでは大変だから、他の窓があればいいだろうということで、改善したの。

他のモーテルもかなりまわったけど、みんなドアの開け閉めで会計してたね。小窓を付けてるようなところは、その頃はまだなかったな。

便利な方法はやりながら考えていくわけだよね。そうやって、新しいことをどんどん取り入れて、工夫していくと、半年くらいで一日四回転するようになって、二十年も三十年もそのまま落ちることがなかったね。だから今度は美松の頃と違って、休憩を時間できっちり区切るようになって、二時間にしました。夜の泊まりは十時から朝の九時までにしました」

〝持ち逃げ〟が悩みの種

「モテル・アイネ」は大成功した。斬新《ざんしん》なデザインの外観も、趣向を凝らした部屋も、当時話題を呼び、昼夜客足が途切れることはなかった。しかし、ここで新たな問題が発生する。

「二十四時間営業で、ずっと見てられるわけじゃなかったから、従業員の〝ぽっぽないない〟がとても多かったんだよ。金銭管理というのが、とても重要な問題になったんだよ」

従業員の不正行為、質の悪さは、長年にわたり経営者の悩みの種であった。ラブホテルの人事を担当していた木村昭人氏（株式会社トータルプロデュース）にその辺りの事情を聞いた。

「二〇〇〇年ぐらいから変わってきましたけどね、それまではイメージが悪くて、ラブホテルなんかで働きたくないわと。ヤクザがやっとるんちゃうかと思うような人が多かったみたいです。だから、まともな人はなかなか来ないんですね。どこの会社も雇ってくれないような、余ってる人しか求人で来ないんですよ。来るのは四分六で男性が多いですね。女性が支配人とかに応募してくることはほとんどなかったですね。もともと掃除のおばちゃんとかやっていた人が全部わかるからというので延長線上でやることはありましたけど。

また、定着率がすごく悪いんですよ。重労働、低賃金、世間から後ろ指を指されるっていうのがあるからね。だから、募集かける時に年齢制限を上げるしかないんですね。六十歳までOKですとか……だから働いてる人も募集かけて来る人も高齢の人が多かったですよ。

今は来ますね、若い人も。学生なんかでもラブホ面白そう！　みたいなノリで来ますよね。やっぱりイメージが変わって、労働の採用市場も変わったよね」

堤博史氏（株式会社アルデバラン代表）も同じく人事を担当していた。

「おもに採用することが多いのは、定年になった人ですね。だから、年齢層が高かったり、若くても多重債務者が多いですね。日常茶飯事ではないけど、一年に一回くらいは、従業員が売り上げを持ち逃げするというようなことが今でもありますね。

今はマシになってきたといいますけど、アルバイトとかではやっても、社員になると、大学生は新卒では入ってこない。やっぱり業界イメージの問題ですね」

従業員の質が向上した現在でも持ち逃げがあるという。当時、小山氏が頭を抱えた従業員の不正行為は、ラブホテルにとってはよほど大きな問題だったのだろう。しかし、その問題を改善するために生まれた自動精算機という装置が、ラブホテルの多店舗展開に大きく貢献することになる。

画期的な自動精算機の登場

「コンピューターが出てくる前の話ではね、いわゆるレジャーホテルの支配人を三年やれば、家が建つと言ったの（笑）。そういう言葉が出たくらい、みんな誤魔化しちゃってるわけだよね。だって自分がもらってる給料よりも、ずっと多いお金をポッケに入れちゃうことができたわけなんだよ。特にオーナーがあまりまわってこない店舗だと、泊まりでも休憩でも証拠がないでしょ？　入った出たの記録は、自分で帳面に書くだけだから。

だから、自動精算機を取り入れた。

従業員が全くお金に触らないという状態はそういうトラブルも起きないわけでね。その後、二十四時間営業で百店舗以上やってたわけだから、コンピューターが開発されなかったら、おそらく管理できなかっただろうね。多店舗展開をする上で、コンピューターの導入は前提としてあったね」

自動精算機は、金銭管理のために小山氏が考案し、業者に作らせたものである。

「一番最初に作ったのは、昭和五十八（一九八三）年かな。岩槻アイネ（郊外型モーテル）をオープンさせた時。そこを作ったときに、自動精算機をはじめて導入したの。

これはアルメックス製のものではなくて別のところで作らせたものだったんだけど、誤作動が多くて欠陥商品だったんだよ。で、そこの会社がつぶれて、その社員がアルメックスに行って、そこで完成させたんだね。その後、各店舗にどんどん取り入れていきました」（筆者注アルメックス……アルメックス株式会社。自動精算機製造メーカー。年間四千〜五千台を販売）

しかし、旅館業法に基づいて建てられているホテルでは、金銭授受は対面で行わなければならないとされている。法律上グレーゾーンに入っている自動精算機は、商品登録上では客室両替機とされており、暗黙の了解でホテルに設置されているのが現状である。

――自動精算機は法律上ではグレーですよね？

「私はグレーであろうとなかろうと、世の中というのは進歩するんだというのが大前提でね。そんなに役所がどうのこうのって古いこと言ったって、時代には逆らえないわけでね。むしろ、役所の方が時代の進歩に対応していかないと行政は成り立たないという考え方だったの。まあ実際は行政の力っていうのは大きくて、なかなか認めてくれなかったよね。今でもまだクレームつけられることがあるんですよね。でも、それは今は一部でね。最初の頃はアルメックスも行政指導の壁があって、大変だったと思う。うちも大変だったけどね」

この件に関して、自動精算機販売業者にも話を聞いてみた。

「警察はあんまりうるさくないんですよね。逆に金銭管理がしっかりできるからいいって考え方もあって。やっぱり厳しいのは保健所ですね。役所さんは教科書通りですからね。

自動精算機は、お客さんからしてもスムーズですし、人件費削減にもなります。経営者の方々や、税務署の方に説明する時は、脱税の防止になることを最大限にアピールします」

自動精算機を取り付けることで、客室の稼働率や使用時間を正確に把握できるようになるので、逆に不正行為を防ぎ、脱税防止にもつながるということである。また、自動精算機には、客と従業員が顔を合わせないということや、人件費削減になるという利点もある。

一九八〇年代、ホテルで毎晩実際に取材していた漫画家の近藤利三郎氏は言う。

「従業員の数もね、昔はたくさんいたよ。でも今は二十室までだと、フロントは二、三人プラス清掃係（別系統の外注系）しかいません。

なんでそうなったかゆうとね、昔はお金をもらいにいったわけよ、部屋に。コトが済めば電話してくるわけよ、『もう済みましたから帰ります』と。それで従業員が部屋におぼんとおつりをのせて集金に行く。だから人手を必要とした。

午後十時から泊り時間やから、十時前頃みんな出ようとするわけよ。ラッシュアワー並みで、大変でしたよ。それが今は、ほとんど自動精算機になってフロントはコンピュータ管理をしていればいいだけになった」

自動精算機が誕生する以前は、会計はフロント窓口か、従業員が部屋に直接行って行われていた。一時期、エアシューターと呼ばれる空気伝送管で部屋とフロントをつなげて精算を行うというシステムも取り入れられたが、いずれにせよ従業員が直接金銭に触れるということにはかわりなかったので、しばらくして廃れる。

自動精算機の誕生と広がりは、いかにラブホテルが利益を生むようになったかということをよく表している。こうしてラブホテルは生まれ、広がり、現在では様々な経営者が、日々切磋《せっさ》琢磨《たくま》しながら、その発展に力を注いでいる。

第六章

ラブホテルを利用する

年金支給日の翌日には高齢者

ラブホテルは、基本的に男女のカップルの利用を対象にしている。しかし現在は、その関係性も利用方法も多種多様に富み、とてもひとくくりにはできない。若者が行列を作るラブホテルから、高齢者利用が八〇パーセントを占めるラブホテルまで、客層でホテルのサービスも提供するものも変わってくる。

例えば、不倫カップルや高齢者のカップルがラブホテルを選ぶ時には、従業員と顔を合わせないということを第一に考える。しかし、第一条件は同じでも、好まれる外観や料金設定はそれぞれ異なる。外観がおしゃれで、料金は高めのホテルは不倫客が多く、それとは反対に、古くて安いワンルーム・ワンガレージ式のホテルは高齢者の利用が多い。ちなみに年金支給日の翌日は、そういったホテルには高齢者が溢《あふ》れかえるという。

障害者のラブホテル利用が多いというのもよく聞く。ラブホテルは浴室と浴槽が広いため、シティホテルのユニットバスでは入浴が難しいという方に喜ばれるのだ。

サービス合戦の末、付加価値が肥大したラブホテルは、思いも寄らないニーズを生むことになった。本章では、そんな様々な利用客とニーズの移り変わりにスポットをあてたい。

夫婦利用

〈「ラブ・ホテルへ来るアベックは、いちばん多いのが恋人同士。二番目がプロの女と客、三番目が夫婦なんです。夫婦って意外に多いんですよ。住宅事情のせいで家では存分に楽しめないってこともありますね」〉（「宝石」一九七五年十一月号）

〈客のなかには幼児を連れた若い夫婦者もいた。当時は極度の住宅難。狭い家に二世帯、三世帯が雑居するなど、ザラだった。つまり心ゆくまで夫婦の営みができない夫婦があふれていた。〉（「宝石」一九七七年五月号）

〈このアベック、実はレッキとした夫婦。せまい家に親と同居のため思いきり楽しむことができず、ここならばとラブホテルにやってきた。〉（「週刊文春」一九八〇年七月十七日号）

夫婦がラブホテルを利用する。それは当時から珍しいことではなかった。しかし、夫婦は家で……という一般認識があるのか、雑誌ではラブホテルの夫婦利用が「意外に」という形でよく取り上げられている。

右にあげた記事では、住宅事情が原因でラブホテルの夫婦利用が増えたと考えられている。狭苦しい部屋の中で、同居している親や子どもを気にしながらというのではなく、たまにはラブホテルを使ってスッキリさっぱりしてみたい！　と考える夫婦が多かったのだろう。しかし、そのような夫婦利用が取り上げられる以前に、こんな記事があった。

〈「夫婦のお客様は減少傾向にあるようです。住宅事情に関係があるのでしょう。毎年、夏には涼みにきていらしたご夫婦が、最近見えなくなりました」（大阪上六『M』の女中Kさん）〉（「週刊ポスト」一九七三年十月五日号）

ここでも住宅事情の問題で……とあるが、逆にそれによって夫婦利用が減少したということだ。

おそらくこの住宅事情というのは〝寝室〟の出現と考えられる。もともと、日本の一般家庭には、寝室というものがなかった。布団を押入れから出し入れすることで、居間や食堂である空間を、夜は睡眠をとる空間として使っていた。しかし、平屋が二階建てや三階建てになり、部屋数が増えたことで、〝寝室〟という夫婦のプライベート空間が生まれたのである。そして、ラブホテルへ足を運ぶ夫婦が減少した。しかしその後、寝室のある夫婦が、今度は（雑誌の言葉を借りると）存分に楽しむために、心ゆくまで夫婦の営みができるラブホテルに帰ってきたということである。

ラブホテルが連れ込みと呼ばれていた時代、そこは、セックスをするためのシンプルな空間であった。大所帯にもかかわらず、プライベート空間がなかった夫婦は、最初セックスをするために連れ込み旅館に訪れた。しかし、住宅事情が改善されプライベート空間が確立すると、今度は声などを気にせず存分にセックスを楽しむためにラブホテルを訪れる夫婦が増えてきた。

そして現在、ラブホテルを利用する夫婦のニーズは、また違うところに存在している。

まず、利用客が夫婦であるか否かの判別は、会員カード作成時のアンケートや、部屋に入るまでのモニターチェックで行われている。様々なホテルが分析した利用客の詳細は、残念ながら外には出すことはできないが、その結果、ラブホテルを利用する夫婦は、中高年が多いということがわかった。それはつまり、生殖を目的としなくなった中年以後の夫婦の求めるものに、現在のラブホテルがうまくフィットしているということである。

例えば、ホテルが実施するエステサービスも、夫婦のニーズにうまく合致した。ホテル内にエステフロアを設けたホテルファイングループ本部長の関寛之氏は語る。

「うちに来るお客さんは、三十代、四十代、五十代のカップルがたくさんいるんですよ。お客さんの年齢層は、全体的にかなり高めですね。全体の二五〜三〇パーセントぐらいが夫婦ですね。夫婦利用は年々増えてますよ。残りは恋人同士のカップルですね。

夫婦利用が多いので、関係もある程度、落ち着いてますからね、一時間女性がエステしてくると言って、ヤダ！　なんていう男はいないですよ。じゃあ行ってくれば？　という世界ですよ。男性は、部屋で一時間なり一時間半なり、ぼーっとしてるわけではないんですよ。部屋の中でできることがいっぱいあるんで、マッサージチェアでマッサージしたり、映画観たり、大画面でゲームしたり何でもできるわけなんですね。だから、部屋にひとり取り残されても、逆にラッキーと喜ぶ男性もいると思いますよ」

第一章で述べた非日常を徹底的に演出することで、現在は夫婦の癒しの空間としてのラブホテルが存在している。ラブホテルは、夫婦の営みのあり方をも先導した存在なのかも知れない。

ラブホテルを利用する様々な人々

「ザ・タイムズ」前東京支局長グエン・ロビンソン氏の連載で面白い記述があった。
〈(欧米諸国の)若い貧乏旅行者を対象とした先端的な案内書の多くが、安くて、しかもデラックスな宿泊施設として(ラブホテルを)推薦している。近ごろでは、情報に通じた多くの若い欧米人観光客が、日本に着くとまっすぐ最寄りのラブホテルをめざす。最新の案内書の一つ、『キャドガン・ガイド・トゥ・ジャパン』にこんな助言が載っているのだ。「ラブホテルは日本固有のものである。情事をおこなうために、一時間あるいは一晩いくらで部屋を借りられる。壁が薄く、プライヴァシーの限定された国にあっては、不倫カップルばかりでなく、結婚しているカップルにもありがたい施設となっている。必ずしもいかがわしい場所ではない」〉(「週刊新潮」一九九六年九月二十六日号)
必ずしもいかがわしい場所ではないとは言い切れないような気がするが、欧米諸国の旅行者がラブホテルを多く利用しているというのである。私は東京へ取材に行く際、ゲストハウスと呼ばれる外国人のバックパッカーが集う宿に連泊するのだが、そこでも同じような話をよく聞く。

現在は、外国人観光客のみならず、国内の旅行客もラブホテルを多く利用している。ラブホテルが旅行者に受け入れられやすいのは、何より宿泊料金が安いからである。安い所であれば、二人で三千〜五千円くらいで宿泊できる。また、予約の必要がなく、食事サービスや、アメニティも充実しているので、最初は抵抗があっても、一度利用するとリピート率が高い。

また、繁華街近くのラブホテルは、普通のカップルや旅行者以外に、もうひとつ大きなニーズがある。大阪梅田に店舗を持つホテルファイングループ本部長の関寛之氏が説明する。

「梅田なんかの繁華街にあるファインは女性同士の利用が結構多いんです。レディースプランを設けてなくても、女性同士で来店されます。それは旅行者というより、梅田で遊んで終電がなくなったからうちへ来たり、飲み屋のホステスさんなんかが、タクシーで帰ると高くつくからうちへ来たりね。

あと、エステのプランをやっている奈良の店舗はレディースプランを設けてますから、当然女性同士のエステ目的のお客様がいらっしゃいますしね」

女性が様々な用途でラブホテルを利用するようになったということである。

特に、女性同士の利用を促すレディースプランは、今ラブホテル界で注目されている新しい試みである。レディースプランに影響を受けて、エステやネイル、占いなど、女性同士を対象としたサービスを取り入れるホテルが年々増えてきた。

ラブホテルに早くからレディースプランを取り入れた中西葉子氏（株式会社アインエステート代表）によると、ラブホテルを選ぶのが女性中心になったことから、女性だけのニーズを取り入れたプランがあってもいいのでは？　と思ったことがきっかけだったという。

「コスメとか、生理用品、シャンプーなど、消耗品は女性がよく使うんですよ。いつの時代も美しくなりたいというのは、女性の永遠の願望ですからね。ホテルに入るのに、今日は一万円しかない、じゃあどこでお金を落とすのかということを考える。どうせ使うんならここでお金を落とそうというようなお客さんの感覚を考えてたら、消耗品に付加価値をつけてあげるとか、女性の喜ぶことが重要になってくるんですよね。

私のホテルは、卑猥さというものはひとつも売ってません。むしろきれいなものであると。男女のカップルだけが来るんじゃなくて、女性でもビジネスホテルのかわりに一人で来れるようにと、レディースプランを取り入れました」

また、ホテル経営者・西村貴好氏は、レディースプランが評判になってリピート率が上がったという。

「女性一〜三人で利用されるっていうのが多いですね。レズとかじゃなくてね。

一回来られると、リピートがすごいですよ。今までにないターゲットなんで、値段を下げて、中身を非常に濃くしていますので。一人利用が多いですね、一人でゆったりするというのが……。大体一日に二組ぐらいは来られますね。あと友達同士の誕生日パーティとかね。貸し出しのお姫様ドレスとかも用意してて、プリンセスプランっていうんですけど。お姫様ドレスは変な使い方されるとあれなんで、男女のカップルには貸し出ししてないんですよ」

しかし、女性利用者についての考え方は、決して肯定的なものばかりではない。

女性の一人利用

私が一人でラブホテルに行った時のことである。

卒業論文のテーマにラブホテルを選んだ私は、ゼミでの発表を次週に控えていた。私の指導教授は鬼のように怖い。本やインターネットで調べただけのことを発表しようものなら、雷が落ちること間違いない。自分の足を使って得た情報こそが、評価に値する厳しいゼミだったのだ。ところが、いざホテルに取材申し込みをしても、受付のおばちゃん止まりで経営者につないでもらえることなど皆無であった。確かにラブホテルにとっては、何かの宣伝になるわけでもない私の卒論なんてどうでもいいことであろう。

とにかく、門前払いが続いた結果、私は意を決してお客さんのふりをして行こうと決めた。

何しろ発表が近づいているのだ。教授に怒られることを考えたら、空だって飛べそうな勢いであった。

そして私は、当時雑誌で一番人気だったホテルに向かった。すいている時間を狙って朝に行ったにもかかわらず、サービスタイム狙いのカップルが五組ほど待っていた。ウェイティングルームで待つカップルに紛れて、ひたすら自分の番が来るのを待った。みんないちゃいちゃ楽しそうな中、おどおどした女子がひとり。あの時の気まずい思いはきっと一生忘れない。

待つこと三十分……いよいよ私の順番がまわってきた。ウェイティングルームに備え付けられている電話がかかってきて、部屋番号を告げられるという仕組みだ。前のカップルがそうして部屋に入っていくのをしっかりメモしていた私は、慣れている素振りを装って電話を取った。

すると、なぜか私だけフロントに呼び出されてしまった。

「お一人様ですか？　それともお待ち合わせでしょうか？」

なんとなく、従業員さんも気まずそうだ。

「一人です」と答えると、「うちはお一人様のご利用は遠慮させていただいてるんです……」と断られてしまった。

空も飛べる勢いであった私は、それでも諦めなかった。

「料金を、一部屋分払ってもだめなんですか？」

すると従業員さんは、今度は困った顔で、「原則なので、申し訳ございません」と頭を下げた。

結果、追い返された私は、なんの資料も準備できず発表に臨むことになってしまった。

ゼミの日、

「それで、君は一週間何をしてたの？」

教授の冷たい言葉が刺さる。私は、しどろもどろに、門前払いされたことを説明した。すると、教授はニコッと笑ってこうおっしゃったのだ。

「ラブホテルは、女性一人だと入れてもらえないということがわかったということですね。君の足で摑《つか》んだ成果じゃないか」

風俗利用

なぜ私は追い返されてしまったのか。

前述したとおり、レディースプランを設けて、女性の一人利用を歓迎するホテルもある。しかし、私が経験したように、そうではないホテルもある。そうではないホテルは何を考慮しているのだろうか。

……それは、風俗利用の可能性である。女性一人、男性一人のラブホテル利用はホテルヘルス、デリバリーヘルスの可能性が高くなるため、原則として禁止にしているホテルがあるのだ。例えば、全国に多店舗展開しているファイングループも、レディースプランは設けているが、一人客は断るという方針であった。

「うちは原則として男性はもちろんのこと、女性でも一人はお断りしてるんですよ。一人だと、やっぱり風俗利用があるでしょ。うちは風俗利用は入れないのが原則なんですよ。一般のカップルのお客様のイメージが悪くなるんで」（ホテルファイングループ本部長・関寛之氏）

確かにラブホテルで一人客とすれ違うと、ビジネスというより、風俗利用と考えてしまうのはうなずける。一般のカップルに対してのイメージはあまりよくないだろう。

しかし近年、ラブホテルの風俗利用は右肩上がりに増えているという現実もある。あるホテル経営者は証言する。

「最近、ここ二、三年でものすごく増えたのは、風俗のカップルですね。氾濫《はんらん》してますね。もろにデートクラブ、デリヘルとかそんなんですね。

一人で入ってくる人は断れても、外で待ち合わせして、カップルとして来る分には注意できないですからね。でも、そこには出会い系みたいなのが介入してる」

——それはなぜわかるんですか？

「廊下とか歩いてる時の会話が敬語だったり、ホテル出ると左右に分かれるとか。モニター見てたら、雰囲気でわかりますよ。やっぱり携帯電話が普及して出会い系みたいなものが流行ったり、あと、今までの不倫を支えてたおじさんたちの経済的な余裕がないということですかね。それまでキャバクラ行ったり、クラブ行ったりして、時間をかけて口説いてたのが、もうその時間もお金もないと。彼女を作るより、その時その時の一発勝負で一万か二万か払って、済ませると。郊外よりも都会のホテルに多いですね。それだけに特化してたり、デートクラブと契約して、月にいくらかもらって、そこの部屋は使い放題とかね、そういうホテルも増えてるみたいです」

前述した、風俗利用を避けて一人利用を禁止するホテルもあるが、関係者の証言にあるようにデートクラブなどと契約し、逆に風俗利用を歓迎するホテルもある。風俗利用を推奨しているホテル関係者に話を聞いてみた。

「ホテルの大事なお客さんっていうのが、ホテルヘルス。うちが扱ってる二十三店舗のうち、一室当たりの売り上げが一番高いホテルが、一カ月八十万なのね。そのホテルっていうのは、サービスとか、なにもないの。どないしてるかというと、風俗顧客で回しまくってるの。土曜の夜なんて、整理券配るもんね。全部風俗利用ですよ。整理券配ってる時にぱっと女の子の顔見たら、二時間前に来た子や！　って。だから一日に何回転もするんですよ」

――そのホテルが風俗利用によく使われる理由は？

「そこのホテルが安いのと、部屋数が六十室あってすぐ空くから、整理券は配っても待ち時間が少ないと。だからそこはサービスもへったくれもないですよね。すぐ掃除して、とにかく早く部屋作れ！　部屋作れ！　と。少々汚くてもとにかくお客さんを回すというのが第一で、食事とか設備とか必要ありません。もう、風俗のためのホテルですね」

――風俗と提携を結んでるわけではないですよね？

「それはつかまるからね。だけど、営業には行くよ。〝おたく、今どこのホテル使ってますか？〟って。で、メンバーズカード配って、今使ってるホテルの料金より安く部屋を提供するんですよ」

――ということは、風俗利用の人にだけ値段を変えてるということですか。

「そうですね。値段下げても、それだけ回転するから大丈夫なんですよ。

あからさまに値段を下げるのではなくてね、メンバーズカードに仕掛けがあるんですよ。ゴールドカードとかシルバーカードとか作って。三十回利用したら次から休憩二千五百円、五十回利用したら二千円になるとかいうカード作って。もちろん一般のお客さんにも有効なんですけど、風俗利用の場合は、元締めに最初からゴールドカード渡しとくとかね」

ホテルの前で中年女性が客引きをしているのは何度か見たことがある。取材に行ったホテルでフィリピン系の女性がひとりでエレベーターに乗り込んで来たこともあった（ボディコンスタイルだった！）。確かにそういった光景に出会うホテルに共通しているのは、古いこと、値段が安いこと、サービス薄だという点だ。

風俗利用の客をターゲットにしているホテルの支配人に、その辺りのことを聞いてみた。すると、コスプレやカラオケ、ＳＭを取り入れた仕掛けなどは、女性が客から要求されることが多いので評判が悪いとのこと。ホテル側も、運営費が安く済むので、そういったものは置かないという。まさに、ラブホテルのサービス合戦とは逆を行く、サービスしないことがサービスなのである。

前出のホテル関係者の話にもあるように、そういったホテルも管理売春にならないように工夫されている。メンバーズカードの割引制度をうまく使ったり、十回使うと五千円をバックするといったようなスタンプ制にしたりと、あくまで景品扱いをとっている。そうして、法に触れないように、生き残る術を見つけ出すホテルもまた、存在しているということである。

しかし、こんな意見もあった。

リネン業者（ラブホテル営業担当）が明かす。

「法律違反ですが、デリヘル業者とラブホテルが裏で契約を結んでる場合はあります。正式に契約してなくても、うまいからくりでデリヘルばかり入れてるホテルというのも存在しますよね。まあ、お客さんにホテルを選ばせるというのもあるけど、お客さんの立場からしても指定ホテルの方が安くすむから、そっちを選ぶ場合が多いですよね。

ただ、デリヘルのお客さんも一般のお客さんもホテルを利用する時間は大体一緒なんですよ。デリヘル利用が盛んになってくると、一般の単価の高いお客さんが逃げてしまうんです。デリヘル指定のホテルは、デリヘル専用の特別料金をもうけてますからね。だから、諸刃《もろは》の剣なんですよ、デリヘルというのは。

確かにデリヘルを入れると、一時的に売り上げはぐんと上がるんですよね。だけれども、目先の利益にとらわれて、デリヘルとばんばん契約すると、客単価は低いし、どんどん回転するから部屋の傷みは早いしで、長いスパンで考えると損なんですよね。ルームメイクさんの労力や、アメニティの取替えなんか考えても、客単価が高くて、一日二回転とかの方がまだマシだし。十年改装しなくてもいいところを六年くらいで改装しなくちゃならないとかね、そういうリスクもあります。

あと、デリヘルって経営母体にいろんな筋の人が関わってるから、最初はよくても数年やってると〝お前のとこ儲けさせてるんだから、もっと値段下げろ〟とか足元見られることもあるんですよね。

だからいろんな意味で危険です。デリヘルは劇薬であって、しかも麻薬のようなものなんですよね」

難しい問題である。長い目で見ると、逆に損をするという意見であるが、この件に関しては、経営者の方針に委ねるしかないだろう。

では実際、経営者はどういった考えを持っているのだろうか。「週刊ポスト」（二〇〇四年十月二十二日号）に経営者の切実な意見があったので、紹介したい。

〈ラブホテル街を悩ませる問題が今、起きている。

男性だけが先にラブホテルへ入り、後から女性が派遣されてくるという「ホテヘル」の問題だ。

「昨年来、石原都知事の方針で、今まで違法営業をしながら黙認されてきた店舗型の風俗店が続々と摘発されています。そこで、許可が下りる届け出制の無店舗型風俗、つまりホテヘルが一気に増えたんです」（風俗誌記者）

ラブホテルはホテヘルのプレールームとなるか、これまで同様カップルを相手に営業するかの選択を迫られているのだ。

「ウチもホテヘル業者から〝提携ホテルになりませんか〟と誘われました。常にリニューアルしないとお客さんは来てくれませんから、正直なところ、ホテヘル業者と契約して安定収入が得られるのは魅力的」（円山町の旅館主）

しかし、渋谷ホテル旅館組合関係者は、

「ホテヘルが増えると犯罪も増える可能性が高い。円山町＝ホテヘルと悪いイメージがつかないよう、警察と相談して対策を考えています」〉

アメニティグッズが語る無言の変遷

前述した通り、ホテルの一人利用はまだまだ断られる可能性がある（ビジネス利用も同時に推奨しているホテルは別である）。

一人利用を断る一番の理由は、風俗利用とそのイメージを避けるためであるが、一人になると自殺や逃走中の犯罪者の滞在など、事件性も高くなるという。

一人以外には、男性同士も断られる可能性が高く、三人利用の場合、男女女の組み合わせならOKでも、男男女の組み合わせはNGとしているホテルが多い。いずれにせよ、男性が二人いると犯罪の危険性が高まることと、一般のカップルに対してのイメージがよくないからだという。男女のカップル利用以外の男性に、ラブホテルはなかなか厳しい……。

選ぶのも女性、サービス内容も女性が喜ぶものが中心に考えられている現在、ラブホテルにとって、男性はどういった存在なのだろうか。お金を払う時以外は、存在そのものが隅に追いやられている気がするのは私だけだろうか。

しかし、ラブホテルには男性中心の時代があった。それを顕著に表しているのはアメニティグッズである。もともと必需品だったものにサービスが付属して発展していったアメニティグッズは、ラブホテルが考える利用客の意識を表す。つまり、ラブホテル側から見た、現在の客はこういうものを求めているのであろうという予測が、いち早く形になるのがアメニティグッズなのだ。

ラブホテルのアメニティグッズを取り扱う、株式会社東京マツシマ代表の松村一夫氏は、その変遷をこう説明する。

「アメニティは最初、男性用しか置きませんでした。そういう意味では最初は男性を中心に考えられていました。ポマードの代わりのチックとか、リキッド、あとヘアトニックね。顔のものよりも頭のものの方が主だったね。ところが、その時代はみんな持っていかれちゃうんだよね。だから、ノンスクリューキャップとかが生まれました。

最初は女性のことを全然考えませんでしたね。レジャーホテルと言われはじめる昭和五十八(一九八三)年くらいまでは、やっぱり男性主体の宿だったんですよ。ラブホテルとは言われてたけど、やっぱり連れ込み宿って意識が強かった。男性が手を引っぱって連れ込むっていうね。

だから、女性用化粧品は昭和五十(一九七五)年以降ですよ、おそらく。今は女性中心ですね。化粧とか、癒しとか、ダイエットとかね」

――それでは、女性用アメニティグッズで最初に受け入れられたのは何だったのですか？

「女性用のアメニティで画期的だったのは、シャワーキャップでしたね。昭和四十二、三（一九六七、八）年くらいですね。定かではないけどね。

それまで美容院なんかでシャワーキャップは使われてたんだけどね、それをサービス品としてレジャーホテルに持ってきたのは画期的でしたね。

きっかけは、あるホテルの支配人。これは大変便利な商品だから是非入れてくれと頼まれたんです。バーのマダムにいいって。水商売で、美容院に行ってから来るマダムなんかが髪が乱れないように保つのにとてもいいってね」

ここで、シャワーキャップについて、松村氏の書いたコラムがあるので引用する。

〈「かんちゃん、これはバーのマダムが喜びそうな商品だなぁー出来上ったら持って来いヨ。」34〜35年前新宿歌舞伎町（その頃はまだ大久保一丁目でした）のホテル○○の地下の一室で支配人さんから〝かんちゃん〟こと私が言われた言葉でした。あれから30年あまり立ち、世界のほとんどのホテルでバスアメニティとして使われている商品になろうとは思いませんでした。その商品は、シャワーキャップとかヘヤーキャップと言います。

もともとは理・美容院ですでに使われていましたし質の違うものでナイトキャップとしても

使われておりましたが、ホテルのサービス品として使われはじめたのは昭和42、43年ではないでしょうか？　なぜバーのマダムに良いのかわかりませんでしたが当時クラブやバーやキャバレーは同伴日があって美容院に行ったあと同伴日は髪が乱れてはいけない（あっとその前に××に行かないと同伴してくれない）ということらしい。そのことを○○支配人はバーのマダムが喜ぶ商品と端的に言い表わしたのです。

松島屋（株）東京マッシマの前身）としてははじめての海外製品でした。台湾は台中の小さな町工場ではじめは3〜5万個作りました。あっという間に5万が10万に10万が20万に20万が50万に50万が100万個になっていきました。バーのマダムだけでなくすべてのホテルを使用する女性客に機能性のある必要な商品だったというわけです。

今はヘヤーバンドを加えたターバンヘヤークリップと多様化された時代になっております!!〉

女性用アメニティグッズとして最初に受け入れられたのが、シャワーキャップだということは一体何を意味しているのであろうか。

それは、玄人のホテル利用である。松村氏の文中にもあるように同伴日に客とホテルを訪れるバーのマダム、ホテヘルと呼ばれる風俗嬢など、そういった女性にシャワーキャップが非常に受けたのである。

ラブホテルのルーツはもともと出合い茶屋にあり、その名残は、随分と長く続いた。しかし、一九六〇年代後半から素人も利用するという兆しが見え始め、七〇年代には逆に素人の方が玄人の数を上回ってくる。七〇年代、アメニティグッズはどのように変化したのだろうか。

アメニティグッズと女性の視点

関西を中心にホテルのアメニティグッズを取り扱う相場久雄氏（サンエース株式会社営業本部長）に話を聞いた。

「連れ込みと言われてた頃は、年齢層も幅広いと言うか、アメニティもまあシンプルな感じだったんですけど、外観も洋風に変わってきて、ラブホテルという言葉が生まれた七〇年代頃から、女性の目を意識したようなもの、パッケージとかも、そういうアメニティが出てきました」

——男女で利用しているのに、パッケージなど、なぜ女性の視点を意識するのですか？

「時代の流れというか、私達も納品した後、お客さんの動向を見てるんですがね、たいがい部屋を選びはるのは女性ですよ。女性上位というか過去の連れ込みいう時代は、男性が女性をぐいぐい連れ込むといった感じでしたが、今は女性がホテルを選ぶ時代に変わってきましたからね。それだけ女性の感性が優れてるのかもしれないですね。だから女性の目を気にして、商材を提案していってます。

うちは早い時期から女性スタッフの意見も取り入れてましたから、ただモノを売るのではなくて、自分が泊るのであれば、髪の毛を止めるクリップやヘアバンドがあれば便利だとか、そういう提案は絶えずしてきました。アメニティに関しては女性スタッフの意見を重視していますね」

また、七〇年代中頃から、ラブホテルがシティホテルを意識するようになり、アメニティグッズも変化する。

「自分のところのホテルの名前をいれるというのがシティホテルのアメニティの特徴ですが、ラブホテルもそういう意味ではシティホテルを意識しているというか、アメニティに自分のホテル名を入れるところがありますね。

ファッションホテルが充実しだした頃、だいたい昭和六十（一九八五）年頃かな、一時期シティホテルを意識するラブホテルがかなり増えましたね。今でもありますしね。置く器でも、ただのプラスチックのものじゃなくて、高級なものに変えたりね」（前出・相場氏）

男性のものしか置いていなかったアメニティグッズが、女性中心のものに変わっていった。そしてついには、シティホテルを意識するようになった。

このように、アメニティグッズは、その時代その時代のニーズを反映させてきた。それはアメニティグッズが、設備や内装といったハード面ではなく、評判が悪ければすぐに変え、求められればいち早く取り入れるということが即座にできる、ソフト面のグッズだったからである。

しかし、化粧品メーカーなどは、ラブホテルの前向きな姿勢に反して、長い間難色を示していたという。

「企業イメージを大事にしているメーカーさんはありますね。百貨店を意識したもの作りしているメーカーとかね。最初は、ラブホテルに卸すのを拒否してたところも多かったんですけど、これだけ業態が広がったらね。今でも少しはありますが、ほとんどなくなりました。

確実にシティホテルか美容室にしか置かないメーカーもあったんですけど、結局ファッションホテルにも置くようになりましたからね。メーカーも頭がやわらかくなったというか、メーカーさんも今、商品の認知度が大事ですから……。これだけ店舗があって、これだけのお客さんが利用してるんですから、そこにモノが置いてあったら、宣伝効果もあるので」(同前)

大手メーカーの商品が、ラブホテルのアメニティグッズとして並ぶようになったことは、業界に大きな衝撃を走らせたという。メーカーに認められるというのは、一般的な認知を確実に得たということだからだ。

こうしてラブホテルは、客のニーズとともに発展し、一般的な認知も得るようになった。利用者によって、提供するサービスや役割がここまで変化する空間は、他にあるのだろうか。客の求める声がある限り、ラブホテルはこの先も、進化の足を止めることはないだろう。

第七章

ラブホテルを変えた情報誌

情報誌前夜

雑誌で、ラブホテルという言葉が使われ出したのは、一九七三年頃である。それまで雑誌では、連れ込み旅館、連れ込みホテル、同伴ホテル、アベックホテルなどといった言葉が使われていた。

そんな中、一九七三年に女性週刊誌がラブホテルという言葉を使い始め、それに追随するように男性週刊誌にもラブホテルという言葉が見かけられるようになる。その背景には、「目黒エンペラー」の開業があり、デラックス化された洋風の外観のホテルが次々と誕生したことで、連れ込み旅館などといった古臭いイメージの呼称が衰退していったと考えられる。

ラブホテルという言葉は、当時のホテルのイメージにぴったりと当てはまるネーミングであったのだろう。TV番組などの影響もあり、翌年の一九七四年にはほとんどの雑誌がラブホテルという言葉を使い始め、それと同時に特集内容も変化していく。男性週刊誌などに多く見られていた、そこで行われるセックスの記事を中心とした内容に、目黒エンペラーのような、ゴージャスなホテルの紹介記事が加わり、ホテルの外観、部屋などのグラビア写真も多く見られるようになる。また女性誌では、はじめてラブホテルを利用する時のレクチャーなども特集されるようになり、人々のラブホテルへの興味が高まっていたことがうかがえる。しかし、七〇年代、八〇年代は、ラブホテルがセックスと直接的に結びついていることを連想させる記事がほとんどで、取り上げる雑誌も「週刊現代」「週刊大衆」「週刊ポスト」といった男性向けの週刊誌が中心であった。男性誌のみならず、女性誌も含めた週刊誌の多くは、ラブホテルを、読者を興奮させる装置として扱い、そこには必ずセックスの影があった。その傾向がガラリと変わったのが、週刊誌ではなく情報誌でラブホテルが取り上げられるようになりはじめてからである。

情報誌に初登場したラブホテル

ラブホテルが情報誌で初めて大きく取り上げられたのは、一九九四年「ぴあ関西版」である（それまで旅行誌などの地域特集版に紹介されることはあったが、地図上のハートマークのみなど、大きくは取り上げられなかった）。

しかし、それはラブホテル特集ではなく、「快適超夜遊びスポット」という夜遊び特集の中のワンコンテンツとしてであった。ラブホテルは、終電後、始発まで過ごせるメインターミナルの近くのスポットとして漫画喫茶やカラオケ、サウナなどとともに取り上げられ、レジャーホテルとして紹介された。内容は当時人気のあった三軒のホテルの紹介と、ホテルのサービスなどが主で、エロティックな装置や奇抜なサービスに焦点を合わせることの多かった週刊誌とは異なった、実用的なラブホテルの紹介記事であった。

その時の仕掛け人である藪内知利氏はいう。

「僕は、なんとなく予感として、ラブホテルだけの特集をやったら面白いんちゃうかなと思ってたんです。その頃のラブホテルというのは、僕が大学生の頃に行っていたラブホテルとは様変わりしていて、それこそレジャー施設的なソフトがどんどん組み込まれてきてたんです。制服着た高校生が堂々と入っていってるのも見かけたし、中に入ると、部屋空くのを、みんな堂々と待ってましたからね。枚方《ひらかた》にチャペルココナッツというホテルがあったんですけど、あそこだけ飛びぬけてすごかったんです。本当に行列がね、出来てて。僕、それで驚いてね……ラブホテルの特集やったら当たるかなあなんて思ってたんですよ。この現象を誌面でいやらしくなく紹介するにはどうしたらいいかなって。それで、ラブホテルの特集なんて出来ないから実験的に、違う特集の中のテーマのひとつとして違和感なく組み込んでみて、読者の反応を見てみようと思ったんですよ。反応見るために、招待券とか割引券とかのプレゼントをつけて」

最初に取り上げられたのが、別の特集の中のワンコンテンツであった背景には、情報誌でラブホテルを取り上げるということへの危惧《きぐ》と、全くわからなかった読者の反応を探るための実験的要素があったのである。

「その応募ハガキが、予想してたよりも随分たくさんきたんですね。何通来たかは覚えてないんですけど、おお！　こんなに来るんや！　と驚いたことは覚えています。で、一言感想書くところがあったんですけど、ホテルだけの特集をしてくださいという感想が非常に多かったんですよ。それで当時の編集長にこれはヤリですよって。絶対売れますって、言ってみたんです。だけど、『ぴあ』が情報誌というのがネックでね。情報誌というのは、学校とかも買ってくれてるんですよ。映画とか音楽とかの情報が全部ここに載ってるから。中学校とかにも買ってもらってるし、PTAとかがうるさいやろうから、やめてくれって言われたんです。編集長もびびっててね。だけど、これは若い人たちにニーズがあるからやるべきですって何回かプレゼンして……そこまでゆうんやったらいこうと編集長がついにOK出してくれて、責任は俺が取るからって言ってくれはってね。お叱りは確かにありましたがね。それでできたのが『行列のできる♡ホテル』ですね」（前出・藪内氏）

「行列のできる♡ホテル」特集の反響

ラブホテルがはじめて情報誌で取り上げられた翌年の一九九五年に、「ぴあ関西版」で「行列のできる♡ホテル」という、ラブホテルのみに焦点を絞った特集が組まれることになった。

「アダルト誌でもない雑誌が、関西だけでまとめてラブホテルを特集したのは、初めてのことだったので、周りからは反響すごかったですね。もうバカ当たりで、売り切れ続出でした。ハガキとかそういうことで反響どうこうよりも、部数できましたね、反響が。会社内でも賛否両論でしたけどね。こんな下品な特集して！　って言う人もいました。特に書店まわりの営業してる人は、本屋さんに怒られたって、『ぴあ』はこんな雑誌じゃなかったはずだって言われたって。他の上司にもバカじゃないの！　こんな特集してと言われたりしましたね。でも三日後くらいに、売り切れ続出、注文殺到になって、逆によくやってくれたって、それまで怒ってた上司に褒められたりしました」（同前）

読者の圧倒的なニーズが、それまでにあった情報誌の価値観を塗り替えたのである。卑猥なイメージがありながらも、若者が行列を作っていたという現状を目の当たりにした編集者が、読者のニーズをいち早くキャッチし、それに応えた。また、アダルト的な雑誌でないからこそ買いやすいという、読者の気恥ずかしさをカバーできる情報誌のワンクッション性が、大きく作用したのではないだろうか。

その時の編集後記には、

〈「ラブホって最近スゴイらしいけど情報少ないと思わん？」「いつも行き当たりバッタリやもんなあ」てな会話から始まったこの特集。取材中に確信したのがホテルと客、双方の進化だ。熾烈なサービス競争に勝ち抜くための様々なアイデアを提供するホテル程、上手に使いこなすリピーター固定率が高い。『H』以外の付加価値ニーズに合わせまだまだ進化を続けそうなこ

の空間、タブー視せずに楽しんだモン勝ちかもネ！〉

とあり、一九九五年当時、情報としてラブホテルを取り扱う媒体がいかに少なかったかということがうかがえる。

また、情報誌を作る眼からも、セックス以外の付加価値の重要性が指摘されている。情報誌によるラブホテル特集は、アダルト的な側面から切り取る週刊誌よりも、当時の利用者の本当の声を反映させた特集だったのではないだろうか。

同じ時期、長崎市のタウン誌でも同じような現象が起きている。

周りの反対を押し切って、「恋人たちのホテル」特集を組んだ号が飛ぶように売れた。それを当時の新聞（朝日新聞朝刊、福岡版、一九九五年十一月十日）は型破りな発想として評価している。

戸惑う経営者

それまで特殊な施設、もしくはセックス関連の記事と合わせてしか取り上げられなかったラブホテルが、実用的な形で情報誌に紹介されることに、最初はホテル側も戸惑いを見せた。

「最初の頃は、どこのホテルも取材とか初めてだから、怪しまれましたね－。僕はまず、バイクでホテル街をまわるんです。まず、きれいなホテルっていうのが、第一ですね、清潔感が一番です。バイクでまわって、きれいっぽいなと思ったら、入ってみるというやり方で。そしたら、フロントにタッチパネルとかあるでしょ？　そういうのチェックして、ここきれいそうやなあとか雰囲気とか見るんです。フロントに人っていないから、フロント周りをウロウロして、そのホテルのカードとか、チラシ置いてあったらもらって、電話番号控えるんです。そうこうしてるうちに、お客様なにか？　ってフロントの人が出てくるから、その人が出てくるまでにフロント周り見回して、いけそうかどうか判断するんです。
そこで取材したいと思ったら、そのおばちゃんなりに、雑誌社の『ぴあ』と言います、こういう特集があって、取材をしたいんですが、担当の方いらっしゃいますかと聞くんです。そしたら、大概はわかりませんみたいなこと言われるんです、経営者は別ですからって。そして、本社の電話番号を聞く、アポを取って会いに行く。で、取材をしたいと思ってるんで部屋を見せてくださいとお願いして、部屋を見せてもらえるところまでいって、それでここを載せるって決めます」（前出・藪内氏）
それまで雑誌では、一部の豪華な設備があるホテルや話題になりそうなホテルしか取り上げられていなかった。しかし、ラブホテルを利用してもらうための情報として発信する場合、特殊な構造や豪華な設備よりも重要視されたのはきれいさ、清潔感であった。普通のきれいなラブホテルが、情報誌の力によって表舞台に立つようになったのである。

「でもそれだけだと、三十軒も四十軒も特集できないし、ネタが不足するんです。だから、いいホテルのオーナーと仲良くなったら、次は、そのホテルのオーナーに紹介してもらうんです、ライバルと思ってる所はどこですか？　とずばり聞きますね。そういうと、たいがい教えてくれはるんですよ。組合みたいなのがあって、横のつながりもあって、そこで経営者同士が情報交換したりもしてますからね。若いオーナーさんも活発に情報交換して、古き悪しき体質みたいなのを改善して、業界の中の突出した存在になってビジネスメリットを生み出していこうとされてる人が多かったので、そういう経緯でできました」(同前)

九〇年代に入ると、ホテル経営者も二代目に移り、若い経営者の中ではそれまでのラブホテルのイメージを払拭させたいという思いがあった。情報誌のラブホテル特集は、そういった経営者の希望と非常にタイミングよくマッチしたのである。

当時、ホテル業界のイメージを払拭しようと、情報誌による広告戦略を働きかけたホテル会社の担当者にも話を聞いた。

「一九九七年十二月に弊社のホテルがオープンしたんですが、その頃はまだ雑誌などでラブホテルが取り上げられるということがほとんどなかったんです。雑誌社などにPRを頼んでも、担当者さんとかが、僕も興味はあるんですが、ラブホテルというキーワードをそのまま投げても、やっぱり雑誌としては、いろんな弊害があるんですとのことだったんです。

で、僕は僕自身の体験を話したんです。僕が高校の時に同級生が、〝兄貴が行ってきたんだ〟とかなんとか言って、ラブホテルの客室なんかが載ったパンフレットを持ってきたんですよ。すると、みんなすごく食いついてね、男女関係なくそこに十何人の輪ができてね、行ってみたいねーなんてこと話してたんですよね。そうすると、それって世の中でものすごく欲するソースなんじゃないかなと感じてたんで、その編集の担当の方に、そこをきちっと特集してあげれば、興味を持って食いついてくる人は多いと思いますよ、という話をしたんですよね。絶対大丈夫だし、昔みたいなモノより、いろいろデザインが優れてたり、設備も最新のものがあったりするので、レポートする角度を変えていけば、非常に面白い組立てが出来るんじゃないかなという」

こういったホテル側からのアピールもあり、双方の希望が合致したところで特集が組まれていった。また、一九九七年からの記事には、若い経営者が顔出しでホテルのサービスを説明しているケースもよく見かけられる。横のつながりも後押ししたのか、この頃の特集は、二、三代目経営者の元気のあるホテルが中心となって取り上げられていることも特徴的である。

ラブホテルと情報誌の二通りの関係

ラブホテル特集が話題になり、ラブホテルが三分の一を占めるムック本が創刊される。ムック本はカフェやレストラン、アミューズメント施設からラブホテルまで、カップルのデートスポットの紹介という触込みで作られたが、それはラブホテルムックといっても過言ではないくらい、ラブホテルの情報に特化されたムック本であった。このムック本が作られた背景には、ホテル側の広告依頼があったという。

当時ムック本に関わった編集者は話す。

「ムックが作られたきっかけはクライアントさん（ホテル側）から言ってきたんです。お金払うからホテル紹介を中心にしたもの作ってくれって。デートムックっぽくして、ラブホテルムックというのを表紙に打ち出さなかったのは、カモフラージュですね」

情報誌の効果を確信したホテル側が、広告としてラブホテルの紹介を依頼してきたというわけである。

こうして、情報誌におけるラブホテル特集が二分化される。

一方は読者のニーズを反映させた雑誌が作った特集であり、もう一方は情報誌の特集を使ったラブホテルの広告である。一見、雑誌がラブホテル特集をしていると見せかけていても、実は広告であるということはざらにある。

情報誌業界に深く関わってきた、株式会社チュラキューブ代表・中川悠氏にその辺りの事情をインタビューしたところ、次のような仕組みになっているという。

「広告料を一切取らない、あくまで読者の興味を獲得する特集の場合、取材先であるラブホテルの意向よりも、編集部は独自で考えた切り口や面白みを優先できる立場にあります。対して、広告費を徴収した上でのクライアントPRのための掲載という形での特集の場合、誌面に掲載する際はクライアントからの意向を随分と飲まなければいけないと聞いています。

ですので、取材されるラブホテル側としても、お金をかけなくても取材PRをしてくれる媒体と、わざわざお金を払って載せている媒体とでは、位置づけの違いはあるでしょうね」

またその違いにより、見せ方の制約も生まれる。

「発信方法に関しては、広告が絡むと誌面に制約が介入してしまうのです。例えば、広告掲載での誌面の問題として、掲載サイズの兼ね合いというものがあります。同じお金を払っているのに、ここは大きい！　なのに、うちは小さい！　とクライアントが怒り出すんですね。でも、広告料をもらっている以上、編集部側も大きくは出られない。だから、どのホテルにも平等であるような、あたり障りのないページになってしまいがちです。特集全体のメインテーマが面白いものであったとしても、ページをめくっていくとカタログのような面白みのないものになってしまうことが往々にしてあります。つまり、ページが成長・発展していかないんです。また、他の広告のクライアントがラブホテルの広告が入っていることを嫌がるケースも多いみたいですね。焼肉の広告出したのに、なんで他のページにラブホテルが載ってるねん！　とか。

大手電機メーカーが嫌がるとかね。

ラブホ特集は読者の目を引くので、コンビニに並ぶ時に、他の雑誌と重なってても見えるように、右肩にラブホの文字を持ってきたりするんです。でも、広告が絡むとそれはやらないですね。というか、ラブホテルという言葉も大きく表紙に出さないですね。裏に広告というものが入ってきたら、取り扱いもだいぶ変わってきます、ラブホテルは特に」

ホテル関連の請負ライターも言う。

「広告が入ると、やっぱり守りに入ってしまいますね。〝ラブホテル〟という記載も、あからさまにはしないですよね。先方さんからファッションホテルと書いて下さい、と言われることもあるし。やっぱり広告だから、ラブホって書かれるのを嫌がるクライアントさんもいらっしゃいますしね」

広告が介在する場合としない場合とでは、ページデザインや表現方法も、変わってくる。そういった意味では、編集部側が自由に表現できた「ぴあ関西版」は非常に進化していきやすい環境であったと考えられる。

雑誌が巻き起こしたラブホテル改革

「ぴあ」に追随するように、他の情報誌でもラブホテル特集が組まれるようになる。一九九七年には「TOKYO★1週間」、翌々年に「KANSAI1週間」が創刊された。姉妹雑誌として発売された両誌は、最初からラブホテルを精力的に特集している。

また、この「TOKYO★1週間」「KANSAI1週間」が、ラブホテル界のイメージを大きく変えた情報誌だという認識が強い。

当時関西で最大手だったラブホテルの広報担当者もそのひとりだ。

「ラブホテルが爆発的に変わったのは『KANSAI1週間』の存在が大きいと思います。この雑誌が創刊されて、お客さんの様相が変わりました。またホテル側もマスコミに取り上げてもらうような、新ネタ提供をしていかないといけなくなりましたからね。彼らにもいろいろな取材先がいるから、同じネタばかり取り上げられないし。リニューアルはもちろんのこと、企画とか面白い部屋とかね。いい企画があったら、こっちから売り込みに行ったりして、どうやったら取り上げてもらえるか日々考えましたね。そういう意味では、そこに上手く乗っかって、一室だけ奇抜な部屋作って雑誌にどーんと載るとか、そういう新しい方法で知名度をあげるホテルも出てきましたよね」

「TOKYO★1週間」「KANSAI1週間」に代表される反響の大きい情報誌の影響で、ラブホテルも今までの建物をリニューアルするような大きなものだけでなく、月々の企画やサービスといった、工夫を凝らす必要が出てきたというわけである。

両誌編集長である奈良原敦子氏に、両誌でラブホテル特集を大々的に行った理由を聞いた。

『TOKYO★1週間』『KANSAI1週間』ともに、〝カップル情報誌〟というコンセプトを立てたんです。男の子と女の子が一緒に読める雑誌のテイストにしようと。そこから、カップルでどこにデートに行くかということを考えていったわけです。ディズニーランドにも行くけれども、その帰りにはラブホテルに寄ったりするよねって。だから本当に自然な……ものすごく特化したコンテンツを取り上げるという意識はなかったですね。カップル情報誌だから、自然な流れでホテル特集を組みましたね」

反響はどうだったのだろうか。

「自宅率が高い関西はラブホテルが普通の若い子に受けるというのはあるかもしれないですけどね。東京の場合は、一人暮らしで下宿してるから相手の家行っちゃえばいいやっ！　ていうのはあるかなと思ったんですけど、東京でもすごく受けましたね、企画としては。やっぱり新しいホテルができたり、情報が圧倒的に不足してたということはあったと思います」

東京でラブホテルの情報が不足していたことが、特集が受けた理由として考えられ、その辺りは「ぴあ関西版」の広がり方と同じである。しかし、「TOKYO★1週間」「KANSAI1週間」は、ラブホテルを特化した特集としてではなく、カップル誌の中のワンコンテンツとして自然に組み込んだということで、「ぴあ関西版」でラブホテルを取り上げた時とは、大きく状況が異なっている。

やりすぎた情報誌

現在、情報誌のラブホテル特集は、やりすぎて読者にとって食傷気味になっているのではないかと言われている。ラブホテル特集はもう当たり前で、スローライフ流行に乗っかり、スローセックス特集をする情報誌まで出てきた。しかし、注目すべきところはそこに至るまで、つまり当たり前の存在になるまで、いかに情報誌が数多くラブホテルを取り上げたかという点である。各情報誌が競うように特集するようになると、どの情報誌でも特集しているという、数としての印象が残る。またそこに、「TOKYO★1週間」「KANSAI1週間」のラブホテルをカップル情報誌に載せるのは当たり前として考える情報発信が重なったことで、ラブホテルを頻繁に利用していた層だけでなく、ラブホテルに羞恥心や後ろめたさを感じている層、新しくラブホテルを知る若年層に、現在ではデートで当たり前に利用する施設という印象が定着したのではないだろうか。

最初は強いニーズがあり、それに応えて爆発的にヒットしたが、そのヒットをきっかけにどんどん打ち出すようになると、別の層まで巻き込んで新たな意識が生まれた。また、雑誌に取り上げられることが、大きな宣伝効果を生むことを知ったホテル側も、ニュース性のある企画や工夫をどんどん打ち出すようになる。

最近は利便性の高いインターネットの情報検索や、クーポン誌などのフリーペーパーが出回り、情報誌全体の売り上げが下がっているという。ラブホテル業界も、そういったインターネット検索で訪れる客を考慮し、ホームページ作成、ネット広告の打ち出しなどに力を入れている。

情報誌の仕掛けた特集に読者が圧倒的な反応を見せる、情報誌が読者の意識を引っ張り、新しい価値観を作り出すといったことは、これからは起こりにくくなっていくのかもしれない。しかし、ラブホテル＝セックスという考えから、ラブホテル＝デートという意識に変わり、カップルにとってラブホテルをより身近な存在にしたのは情報誌であったということは間違いないだろう。

第八章

ラブホテルの未来

「払ってもらうと、自分を売っている気がする」

某雑誌に、大学生のアンケート調査を依頼されたことがある。その時のアンケートは、ラブホテルの支払いに関するものだったのだが、予想外の結果に驚いた。

〝支払いは、誰が持つべきだと考えますか?〟という問いに、割り勘と答えた学生が一番多かったのだ。回答者の七割が女子学生だったのだが、理由を尋ねると、「払ってもらうと、自分を売っている気がするから」という答えが一番多かった。二人で楽しむ場所だから、支払いも割り勘。それが、身体だけの関係ではないという証しだという。

さして人数も多くないアンケートの小さな声かも知れないが、私はこの結果にこれからのラブホテルを考える大きな答えが隠されているように感じた。

キーワードは〝二人で楽しめるラブホテル〟である。

一九八〇年代から現在に至るまで、ラブホテルは〝女性の喜ぶ空間づくり〟を目指してきた。部屋を選ぶ主導権が女性にあることや、女性の方が清潔感やサービスにこだわりがあるため、そこに視点を合わせて、サービスを展開していくことが必要だと考えられていたのである。

しかし、ラブホテルはもう女性を喜ばせる場所ではなく、二人が楽しむための場所になっているのではないだろうか。情報誌にラブホテルが当たり前のように特集されるようになり、カ

ラブホテルアンケート結果

回答者合計 106 人（男 32 人、女 74 人）
兵庫県、大阪府在住
19 歳〜24 歳の未婚男女

ラブホテルに行ったことがありますか？

	男（32 人）	女（74 人）	合計
ある	11	20	31
ない	21	54	75

その時の支払いは、誰が持ちましたか？

	男（11 人）	女（20 人）	合計
男	5	8	13
女	0	1	1
割り勘	5	9	14
その他	1 ・その時々による	2 ・その時々による ・3（男）：2（女）	3

支払いは、誰が持つべきだと考えますか？
(行ったことのない人は、理想の支払方法は？)

	男（32 人）	女（74 人）	合計
男	13	33	46
女	1	0	1
割り勘	14	36	50
その他	4 ・誘った方 ・お金を持ってる方	5 ・ケースバイケース ・行きたくない ・9（男）：1（女）	9

ップルは、二人で楽しそうにデートでどこのホテルに行こうかと考える。

ラブホテルのラブはもうセックスを意味しているのではなく、ラブラブのラブなのである。

そして、これからのラブには、もっと大きく広い意味が含まれていくのであろう。

衰退しているラブホテル

バブル崩壊後から、ラブホテルは緩やかに衰退し続けている。

原因はいくつかあるが、中でも大きいのは、ラブホテルの大きな特権であった〝二人きりになれる空間〟が他にも登場してきたということだ。例えば、ワンボックスカーやカラオケルーム、漫画喫茶、貸切温泉、飲食店の個室のブームなど、ラブホテル以外の個室空間が急速に充実しはじめた。ラブホテルに週数回行くよりも安く済むと、賃貸マンションをカップルで借りて、二人の空間として使うという話もある。

性やカップルに関しての道徳心の変化も大きい。核家族化が進み、自分の部屋を持っている子どもがほとんどである。例えばそこに、彼女または彼氏を連れてくるのは、もう決して珍しいことではない。どちらかが一人暮らしの場合、相手の家に半同棲するなどといったことも、今は当たり前の話である。

では、特別な日にラブホテルを利用するのだろうか。

確かに現在のラブホテルは、設備にしても、サービスにしても目を見張るものがある。高級なラブホテルになると、フロントの対応も、サービスも設備も一流のシティホテル並みである。しかし、そういったラブホテルの目指すものが、きれいで豪華で清潔となると、シティホテルとの境目がなくなってしまう。

それでは、クリスマスに、誕生日に、高級なラブホテルと高級なシティホテル、どちらを利用するのか。現在のラブホテルとシティホテルの一番の違いはセックスを感じさせる匂いの強さである。やることは同じでも、カモフラージュ効果の高い、すなわち誘いやすいし誘われやすいシティホテルの圧勝ではないだろうか。

コスト面も深刻な問題である。全国に多数のラブホテルを展開しているホテル会社の担当者は次のように言う。

「昔はホントに土地が安いところで、高い単価が取れていたんですよね。今はマーケットが成立してきたので、そういう形の組み立てがしづらくなってきた。昔は、畑とか田んぼとかあったところに十室くらいのホテルを作ったら、そこがものすごく儲かったりしたんですよ。当時は装置産業、とにかく作っていくだけの産業だったんですよね。ただ、今は設備とか、土地の取得とかいろんなものが高くなったんで、開発コストがかかってる。それが単価に反映できてないんですよね。作るお金が三倍必要になったから、宿泊の代金も三倍下さいっていうのも、なかなか受け入れてもらえないので、そのバランスが悪くなってきたのがひとつですね」

様々な問題を抱えながらも、売り上げを伸ばすラブホテルもある。不況に強く、収益性の高いラブホテルの新規参入は跡を絶たず、そうした中で生き残っているのは、不動産に対する情報力と資金投入力、そしてマーケティング能力を持っている大手チェーンである。

マーケットが小さくなった今、ラブホテルは何もしなくても儲かった時代から、努力しなければ儲からない時代に突入した。

これからのラブホテル

ラブホテルは、時代のニーズを敏感に読み取り、形を変え、サービスを変え、中には形態をも変えてこれからもっと進化することは間違いないだろう。ラブホテルの衰退とは、言い方を変えると、企業努力を怠ると即消えるラブホテルが続出するということである。客がよりよいホテルを選ぶ時代になった。そうして生き残るラブホテルはより洗練された空間になっていくのではないだろうか。

それでは、これからラブホテルは具体的にどう変わっていく、もしくは、変わっていかなければならないのだろうか。色々な視点の現場の意見を参考にしたい。

デザイナーの亜美伊新氏は、原点に戻ることを強調する。

「これからは、数は減ると思いますが、この世に男と女が存在する限り必要とされており、面白いものは残ると思います。しかし、やはり、ラブホテルはラブホテルとしての原点にかえらんとあかんと思いますよ。

ラブホテルというのは、非日常的な空間であり、異次元の世界であるのと同時に最終的にはエロスの館だということを忘れてはならないのです。今あるのはただきれいなだけで何の変哲も無い泊まるだけの箱で、そこにカラオケがついているかゲーム機があるかだけの違いで、ラブホテルとは縁遠いものが大半です。今すぐにでも発想の転換を図らない限り、この先四、五年で半減するものと思われます。ラブホテルは、東京オリンピック、大阪万博、高度成長時代と共に成長・進化して来たのですが、バブル時代、豪華で贅沢さだけが目立つ、ラブホテル本来の夢のある非日常的空間、異次元の世界とは程遠いものとなり下がり、バブル崩壊と共にラブホテル離れが始まり、本当の意味のラブホテルがなくなりました。そこで起死回生の方法として、今の世の中、高齢化社会突入で人生百歳も夢じゃない時代、元気な高齢者が多く、定年後六十歳からセックスをエンジョイするためのエルダーホテルがあってもええのではないかと考える今日この頃……。

間も無く六十三歳を迎える私ですが、未だ人生やっと半分過ぎただけ、老人とは言われたくない。その為にお洒落も怠らない。そんな私が思うのは人生何が一番幸せか、それは死ぬまでセックスが満喫出来る事、思う存分エンジョイ出来る事、誰もがそう思うに違いない。その幸せのために近い将来、私の考えるエルダーホテルを提供したい。皆の幸福のために、それが私の夢です……」

第六章で少し触れたが、高齢者ばかりが利用するラブホテルがある。最新設備などはなくても、人に見られない造りの昔ながらのホテルで、ワンルーム・ワンガレージ式の構造のホテルに高齢者の利用が集中している。平日の昼間だと利用客の五〜六割が高齢者だというホテルの従業員に話を聞いたところ、面白いことがわかった。

見た目は七十歳くらい同士のカップルが多く、掃除に入ると、コンドームもティッシュもお風呂も使った形跡がないことがほとんどだという。つまり、セックスはしていないのではないかというのだ。ただベッドを使った形跡とお茶を飲んだ形跡があるという。

これはすなわち、ラブホテルをすべての世代が同じように利用しているわけではないということを表している。それなら、亜美伊氏の言うように、高齢者のためのホテルがあってもいいのかも知れない。

コンサルタントのビタミン三浦氏も、同様の意見を持つ。

「セックスをするためだけの空間というより、これからは癒しの空間であったり、添い寝ができる空間にもなってくると思うんですよ。というのも、お爺《じい》ちゃんやお婆《ばあ》ちゃんの原宿と呼ばれている、巣鴨近辺のホテルなんか、高齢者の利用がすごく多いんですよ。で、セックスをした形跡がなくても、部屋でふたりで二、三時間いた形跡があるんですよ。それでアメニティも考えていかないといけないと思ったんですよね。入れ歯の安定剤や洗浄剤をアメニティのひとつとして置いたら、すごい好評だったんですよ。

これからは、ターゲットによって、サービスも変えていかないといけないよね」

なるほど、立地条件などを考慮した上で、ターゲットを意識したサービスの展開は、これからますます重要なポイントになるだろう。数が増え、設備もサービスも細分化しているからこそ、地域的な特性や、利用者の年齢層などにぴったりとマッチングするサービスは、特別な喜びにつながる。

一方、それに特化しすぎると危険であるという、西村貴好氏（株式会社西村専務取締役）のような意見もある。

「高齢化は大きな問題だし、わかりやすいですけども、そこにホテルが特化していくのは、ちょっと危険かなと。

やっぱりある程度のモノの判断力のある若い人をターゲットにすると、それより下の人はあこがれをもってがんばって来てくれる。年配の人も、今の若い人の感性を知りたいというのが勝ち組の人の考え方なので、来てくれると。だから、元気のある若い人、心の若い人を受け入れるような店であれば、どの世代でも来てくれると思うんですけどね。

案内などの文字を大きくするなどの、高齢者向けのものをもう一種類つくるとかいうのはアリだと思うんですが、シニア用のホテルってマスコミには取り上げられるかもしれないけど、お客さんに近いかというと、そんなことないかなと思います。

ただ、シティホテルにあっては古く、ラブホテルにあっては新しいというのがレディースプランなんで、レディースプランは難波店でどんどん伸びていってますね。

異業種からみるとラブホテルって儲かるように思われてて、銀行も証券化のターゲットとして、ラブホテルに今結構着目してるんで、お金のある人が集まってきて、何も考えてない人が将来の展望なしにぽこぽこ建てる。今一瞬はお客さんには選択肢も増えていいんですけれども、五年後以降はやっぱりメンテナンスとかね。そういう企業文化のない店舗が将来心配ではありますね。

苦しむホテルもたくさんあるとは思いますが、設備としてというか、事業としては魅力があるので、二極化するでしょうね。あるブランドっていうか、設備もサービスも清潔度もある程度保障されているというのがホテルの中のベンチマーク（基準）として、揃ってくる。それ以下のところは本当に風俗系の専門に使われる、そういう風に二極化するんじゃないでしょうか。

その中で生き残るラブホテルは、成功して儲けたら、それを常に店のなかで循環させていく所ではないでしょうか。常にプラスアルファの努力を続けていくのが大事ですね」

客のニーズに、ホテル側がチャンネルを合わせていくのではなく、ホテル側が若者視点を中心としたニーズを先導していくという意見である。

また西村氏は、これからのホテルの二極化を予想しているが、私も同意見である。二極化について、もう少し深く触れたい。

二極化

第一章で触れた、人々のあこがれを司る〝陽のラブホテル〟と、第六章で触れた料金と質を落とし、結果、風俗利用の拡大をも担うことになる〝陰のラブホテル〟。これからは、この二つにホテルの方向性がはっきりと分かれる形になるであろう。もちろんその中間層に属するホテルや、その周りを取り囲む少し違った趣向のホテルは登場するが、大きく分けるとラブホテルは二極化する。そして、もうその兆候は始まっている。

余計な設備やサービスはすべてなくしてシンプル化し、とにかく料金を下げることを第一目的とする〝陰のラブホテル〟は、これからますますあからさまなものになってくるだろう。

密室空間に布団とシャワーがあればことは足りる。設備やサービスをほとんどなくし、アメニティの質もできるだけ落とすといったような、逆の工夫がどんどんなされた結果、戦後の連れ込み旅館のような空間が再来するかも知れない。

そこまでいかなくとも、風俗利用と上手く付き合うラブホテルも増えてくるだろう。風俗利用を主としたラブホテルの仕組みは、第六章で詳しく触れたが、それ専門にしなくとも、新規でホテルを開発する時には、立地上、風俗客の利用の可能性がどれくらいあるのかは必ず事前調査されている。

直接契約していなくても、風俗客が使いやすい時間設定にするといったような、システム上、風俗利用を考慮しているホテルは現在でも多く存在する。

取締りや規制をしても、必ず抜け道をつくり、人びとは性を追い求め続ける。何かを無理やり規制しようとすると、どこかに穴が開き、ますます暗いところで同じことが繰り返されることになるということを、私達はもうそろそろ学ばなければいけない。〝陰のホテル〟はなくならない。なくならないということを前提に、どう付き合っていくかを考えるのがこれからの課題である。

進化型フリーホテル

一方、〝陽のラブホテル〟は、異なるニーズに細かく対応できる、サービスや設備がより洗練された空間になるだろう。

進化したラブホテルづくりはもう始まっている。

伊東と熱海の海岸線の中央に位置する場所に、現在建設中のホテル「木もれ陽」（二〇〇八年五月オープン）がある。

ここは、今までラブホテル事業に携わってきた鷲尾明子氏（株式会社伸友代表取締役）が独自のノウハウを活かして作る、リゾートもレジャーもラブも兼ね備えた理想のホテルであるという。あえて名前を付けるのであれば〝フリーホテル〟、あらゆるホテルの垣根を飛び越えた自由なホテルということである。

全十室ある部屋はすべて露天風呂、バルコニーが付き、一番狭い部屋でも三十坪の広さが確保されている（図1）。すべての部屋に予備ベッドスペースが設けられ、カップルだけでなく、多人数でも利用できる。部屋の間取りからは海外のリゾートホテルを想像させるが、ラブホテルの特徴もうまく取り入れられている。

例えば、部屋にはルームサービス専用の受け取り口があり、従業員とは一切顔を合わせることはない。すべての部屋が海に面しており、バルコニーでは裸でくつろぐことができる。チェックインを済ませると、後は完全なプライベート空間を楽しめるというわけである。

食事はルームサービス以外にもレストランでもとれるようになっているが、ここでもプライベート性は重視されている。図2は、レストランの見取り図であるが、食事スペースはすべて

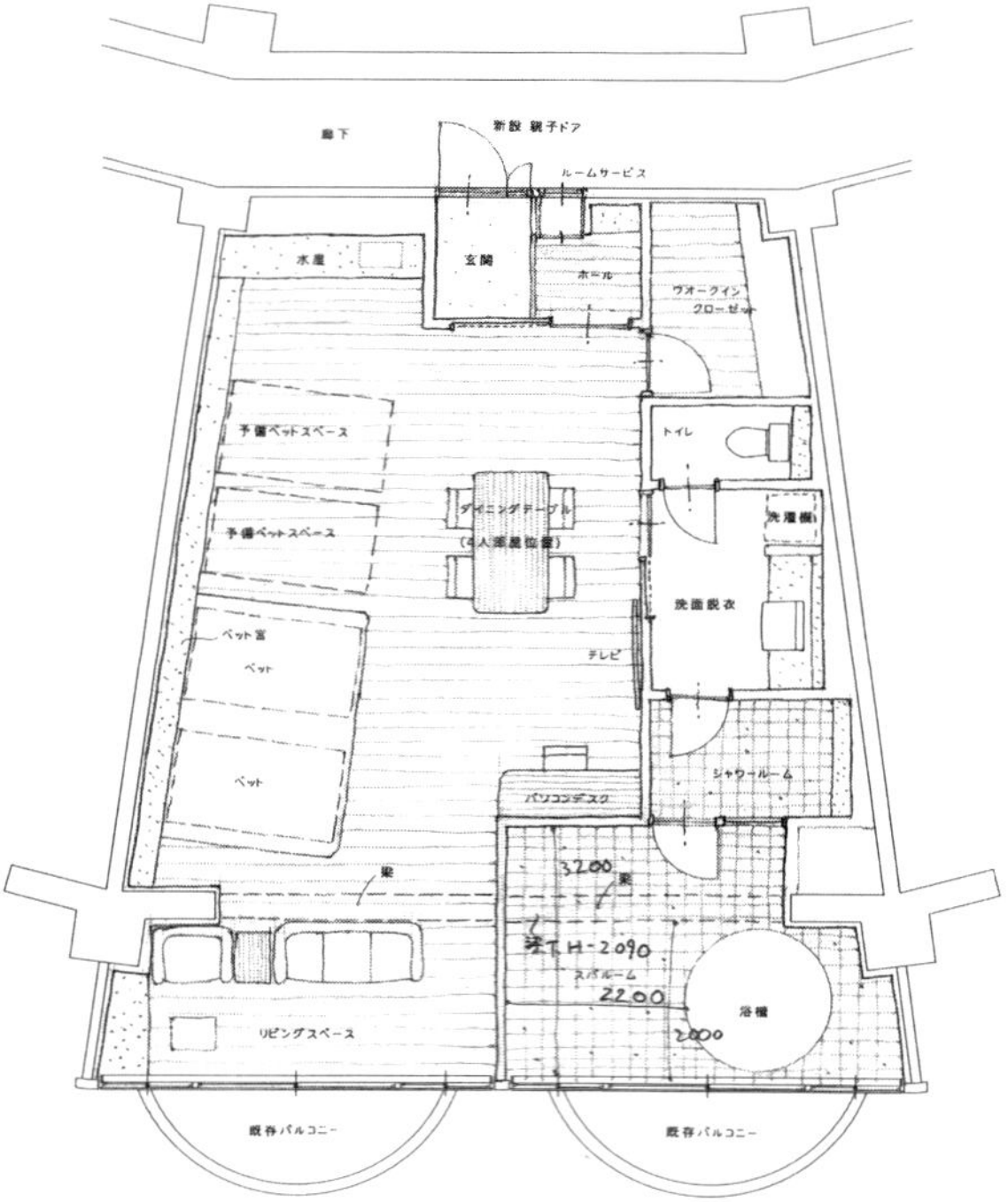

図1 「木もれ陽」客室平面図

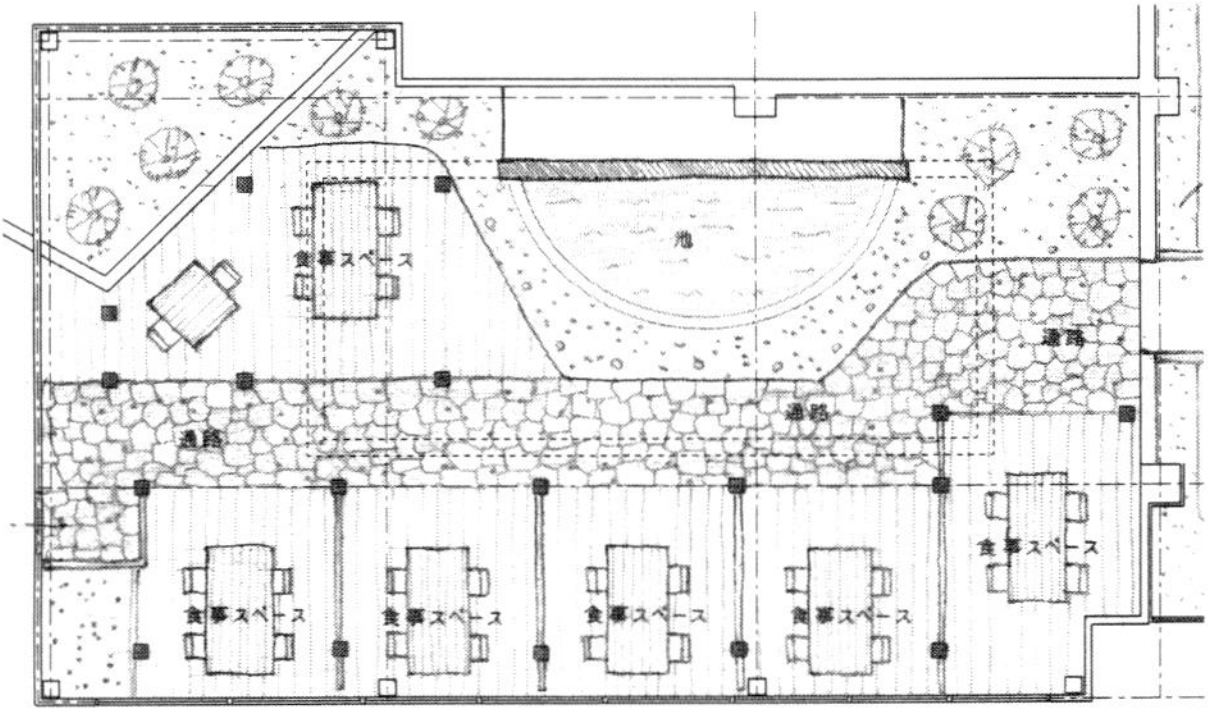

図2　「木もれ陽」地階レストラン平面図

個室になっている。そこから見渡せる庭では、一年中ブーゲンビリアやハイビスカスが咲き、楽団が生演奏してくれる。そういった景観をプライベートな空間で楽しむことができるというのである。

経営者の鷲尾明子氏はこの進化型ホテルについてこう語る。

「私はこれまで色んなホテルを利用してきましたが、ラブホテルほど機能が優れていて、泊まりやすいホテルは見たことがありません。お風呂が広くて、最新設備が整っていて、食事がおいしくて、値段が安いっていう。なので、すべてコンピュータ化され、個人のプライバシーの保護と楽しみを追求するラブホテルの延長として、こういうホテルを作りたいと考えました。

経営者の方の中には、ラブホテル業に後ろめたさを感じて、うちはシティホテルだ！　と主張する方もいらっしゃいますが、私は逆です。今までラブホテルの経営をしてきたからこそできることです。シティホテルを経営してきたのでは、形だけ真似しても、ノウハウは真似できないと思います。

私はラブホテルを恥ずかしいものだと思ったことはありません。プライベートな空間づくりという点では、常に時代を先取り、また時代を作ってきたのがラブホテルだと思っています。その集大成だと思って今このホテルを作っています」

「木もれ陽」は部屋からレストランに至るまでプライベート性が徹底されているものの、ティールーム、エステルーム、バーなども併設され、パブリックな場所は宿泊客以外も利用できるようになっている。また、時間設定も宿泊だけでなく、昼間の休憩は時間貸しという形で予約なしで利用できる。

これはまさに、ラブホテルとシティホテルとリゾートホテルをミックスさせた進化型ホテルではないだろうか。

理想のラブホテル

それでは、理想のラブホテル……すなわち、経営者や建築家がこれから作りたいと思っている空間はどういうものなのか、未来への展望を含めて様々な関係者に語ってもらった。

ラブホテルの設計、デザインを手がける田中正寛氏（株式会社イデア綜合設計代表）はこう言う。

「これからは、名前を変えていかなきゃなんないよね。セックスだけじゃないからね。エステとか、ジムとか、レストランとか、色んなものとコラボレーションしていく時代になると思うからね。ミストサウナ、ホットヨガ、露天風呂、ビリーズブートキャンプ等の発汗産業とのコラボとか、どうせ二人で汗をかくなら違う方法もいいかもね。食欲・性欲・健康欲なんでも取り入れたいね。

ポイントは、そういうものを裸ですべて楽しめるとこだよね。快適なプライベート空間がどんどん確立されていくと思う」

空間デザイナーの佐々木智美氏（有限会社デコラボ代表）は言う。

「これからは、ラブホテルというイメージを限りなく払拭できるようなホテルを作りたいですね。隠れ家的なプライベートホテルというか。

海外のリゾートホテルのように窓を開けたらいい景色があって、リラクゼーション空間基地的なホテルも面白いですよね、そこにいけばいろんな情報が収集できるような。その日の気分のカラーで選べる癒し空間とか。

シティホテルとは違った二人だけの空間。昔の回転ベッドがあったりとかそういうものではなくて、遊びの空間というのか。遊園地とかではなく、二人だけで遊ぶ空間なんですよね。少しセクシャルなものを意識した遊びですね。

私は、女王様部屋を作ったり、ゴシックロリータ風の鳥かご部屋を作ったりしたんですけど、意外に女性にも受けるんですよね。その時に、卑猥さを前面に出すのではなく、セクシャルな要素を入れながらも、かっこいい空間にするのが今求められてることかなあと思いました」

デザイナーズホテルと呼ばれるデザインを重視したホテルの経営者は、デザインの重要さを強調する。

「セックスだけを求めて来るお客さんは、お客さんの都合によって減ったり増えたりします。例えば不倫とかなら、お互いが都合のいい場所でする。でも相手が変わったらまた場所も変わる。

だからセックスをするためだけのお客さんのみを相手にしたら危険ですよね。それより、あそこへ連れていくことで自分への好感度が増すだろうという、男性のヘルプやね、いわゆる。女性は入ったとこがどこであっても、やっぱりきれいなことが大事だと思うんですよ。そこに日常との差別化を考えてます。冷房なんかでもお客さんに任せるんではなく、常につけっぱなしです。外と同じやったら意味ないですからね。日常よりもグレードアップした空間というものをつくるように心がけてます。空想の世界の別世界ではなく、うちは現実に即した別世界です。

これからのラブホテルはデザイナーズホテルをコンセプトにしていこうかと思ってるんですよ。連れ込みホテルから、ラブホテル、それからファッションホテル、カップルズホテル、いろんな呼称があるでしょう？　で、今度はそういうカップルとか、ファッションとかまやかしはやめて、デザインで売って行きたいと。

例えばここのホテルのデザイナーの先生は、本来高級クラブとかカフェとかやってる人でね、ホテルはしないんですよ。白を多く取り入れてるんですけど、これはかなり冒険ですね。汚れが目立つから。でもお客さんはだからこそ白で清潔だったら安心する。部屋だけじゃなくて、バスローブなんかも全部ね。

こういうホテルはね、わっとは沸かないんですよ。じわじわ、じわじわとね。リピーターが非常に多いから。顕著なんは、メンバーズカードですね。うちのメンバーズカードは千円するんですよ。今なんか無料か、三百円くらいまででしょ？　でもね、買っていく人多いです。一回来てもらったら、やっぱりリピート率は非常に高いですね。みんな流行を追求しすぎて、本来のサービス忘れてますからね。

これからは雰囲気ですね。モノでびっくりさせるのはもう無理です。お金に余裕のある人はホテルだけじゃなくて、レストランでもなんでも雰囲気で選びはる。雰囲気でお金がとれるんやということをもっと追求していきたいですね」

多くのホテルの建築を手がけた野村岩男氏（元三陽建設代表、株式会社アインエステート会長相談役）は語る。

「今もそうですけど、これから生き残っていこうと思ったら、やっぱり本物志向の高級感を出さんことにはあきませんね。今、外国なんかの高級なリゾートホテルあるでしょ？　ああゆうなん取り入れて、癒しというものを考えていかんとあきませんね。

リラクゼーションとか癒しのほうを取り入れた、スパのようなね。ビジネスホテルとかも実際やりだしてるとこ多いですよ。

ラブホテルゆうのは俗称であってね、ブームで名前が付いてくるのが、このホテルの特徴ですよね。ラブホテルというより、これからは〝癒しホテル〟やね」

多店舗展開しているホテルチェーンのオーナーの話。

「三、四十年したら、国籍という意味だけじゃなくて、言葉の通じない方、たとえば観光客、外国人労働者もお客様として取り込んでいかないと、ラブホテル事業が成立しないだろうなと――ラブホテルに限ったことじゃないですけど。シティホテルだけじゃなくて、ラブホテルにも、英語やら中国語やらのインフォメーションが必要になってくるんじゃないかと。

若いカップルのデート費を考えても、エンドユーザー視点からみると、ラブホテルにどれくらい使えるかって、あんまり期待はできないですよね。だから、ラブホテル的な使われ方ももちろんなんですけど、シティホテル的な、長期連泊可能とか、出入り自由とか、ラブユース、セックス的な空間と、宿泊的な空間も視野に入れて戦っていかなければ仕方がないという気はしますけどね」

未来のラブホテルづくりについて様々な関係者に尋ねたところ、これから取り入れようとしているものが、癒しからデザイナーズ、長期連泊型まで、オリジナリティに溢れていて驚いた。それはすなわち、隣がプロジェクターを入れたらこちらも入れる、隣が新しいサービスをやりはじめたらこちらもそうするというように、明確な指針がなかったラブホテルが、自ら提案・発信し、他との差別化を図っていくようになるということをあらわしている。

理想のラブホテルを追い求めて、ラブホテルの追求はこの先も終わることはない。そして、ラブホテルはこれからもどんどん進化し続けるであろう。

おわりに

ラブホテルは現在、世界のあちこちに広がっている。しかし、各国でラブホテルがラブホテルとして存在しているわけではない。台湾や韓国にあるものは、日本のラブホテルにかなり類似しているが、カップル限定というわけではなく、ビジネス利用も多い。

余談だが、香港ではブルース・リーが晩年を過ごした家がラブホテルになっている。高級住宅が売りに出されて、ラブホテルのような時間貸しのホテルになるというケースも多い。

かの有名な目黒エンペラーには、ドイツ、フランスのホテル業者が視察に来た。視察といっても、ラブホテルをそのまま建てるのではなく、デザインやサービス、仕掛けなどをリゾートホテルの一室に取り入れるのだという。

設計事務所や日本の有名なラブホテルには、諸外国からの取材申し込みも多く、そこで取材された雑誌やテレビをチェックしてみると、ほとんどが、ラブホテルを日本の文化であるという切り口で紹介している。以前、イギリスのロイター通信社の取材を受けたことがあるのだが、その時もやはり文化としてのラブホテルについて色々質問された。当たり前かもしれないが、日本で取材をされた時に聞かれる「恥ずかしくないんですか?」といったような質問は全くなかった。

日本の住宅事情と日本人の羞恥心の変化に反応しながら発展してきたラブホテルは、やはり日本だからこそ、生まれ育った日本の文化である。本書では、それを恥ずかしいという視点ではなく、日本やるじゃん! という視点で捉《とら》えたいとずっと思っていた。成功しているかどうかはわからないが……。

大学院に進むことを決めた時に、教授から教えていただいた言葉があった。

「研究者になるために必要なのは、〝運《うん》・鈍《どん》・根《こん》〟です」

運は、読んで字の如く、ついているかついていないかである。

自称ラッキーガールな私は、全文読み返してみても、やっぱりラッキーな学生だなあと思う。たくさんの人にたくさん親切にしていただいて、この本ができた。運と感謝のかたまりのような本である。

鈍は、鈍感であること。

ラブホテルを調べているから経験豊富と決め付けられ、セクハラ発言を連発するおじさんに毎回(トイレで)泣いていた私は、鈍感ではないかもしれない。これは、年を重ねながら鍛えていけたらいいと思う。

根は、根性の根だと思ったあなた！(私も最初はそう思った)違います。根はお金を指すらしい。

これは、最初はいまいちわかっていなかったものの、学年が上がってくるにしたがって身にしみた。本が売れて、バイト生活から解放されるのか!?　乞うご期待である。

印税が入ったら、いつも私の金銭事情を気にしてくれていた妹においしいものをたらふく食べさせてあげたい。

「とにかく丁寧に書いてください」

と、長い間あまりプレッシャーをかけずに原稿を待って下さった文春新書編集部の船越さんには頭が上がらない(ご迷惑をおかけしました)。講演会で私が話したことを丁寧にメモし、それを元にアドバイスのメールをくださった時は感激した。

どんな時でも母が私を励ましてくれた。家族の支えがなかったら、原稿が書けなかったどころか、研究だって続けられなかったと思う。

冒頭に、母にラブホテルの研究をしていることを隠すためにタイトルをカモフラージュしたことを書いたが、実は、その話には続きがある。

母は私が打ち明ける前から、私がラブホテルの研究をしていることを知っていたというのだ。「なんで知らんふりしてたの？」と聞くと、「あなたが言いにくそうにしてたからよ。そういうことは、黙って見守ってる方がいいと思って」と笑っていた。

数日前に聞いた話である。ありがたくて涙が出た。

そして千の風になった父に。今頃、私の本の初版を全部買い占めることができなくて悔しい思いをしているだろう。ちゃんと言葉も喋れなかった私が、本まで書いてしまった！ 父のどうしようもないくらいの溺愛《できあい》ぶりが、聞きにくいことを素直に聞ける私の天真爛漫《てんしんらんまん》さを作り上げたのだと思う。どこへ行っても、どんな時も守られていることを感じていた。

文献や資料収集においては、井上章一先生（国際日本文化研究センター教授）に多大なるお力添えをいただいた。井上先生が書かれた『愛の空間』には何度も頭を打たれた。書く側になって改めて見えてくる、先人の大きさである。

ラブホテルの経営者、関係者の皆さんにも随分とお世話になった。特に、最初の取材のきっかけを与えてくださった湯本隆信氏（綜合ユニコム株式会社常務取締役）、突然の手紙に快くインタビューに応じて下さり、色々と相談に乗ってくださった亜美伊新氏（株式会社アミー東京デザインルーム代表）には、この場を借りてお礼を述べたいと思う。

そして最後に、拙《つたな》い研究生活を送る私を、ずっと見守り（時に叱り）励ましてくださった水本浩典先生（神戸学院大学人文学部人文学科教授）に、感謝の気持ちを込めて本書を捧げます。

二〇〇七年秋

金　益見

金　益見（きむ　いっきょん）
1979年、大阪府生まれ。神戸学院大学大学院人間文化学研究科博士後期課程在籍。地域文化論専攻。本書がデビュー作となる。

文春新書

620

ラブホテル進化論《しんかろん》

2008年(平成20年) 2月20日　第1刷発行
2008年(平成20年) 3月 5日　第2刷発行

著　者　　金　益見
発行者　　細井秀雄
発行所　株式会社　文藝春秋

〒102-8008　東京都千代田区紀尾井町3-23
電話　(03) 3265-1211（代表）

印刷所　　理想社
付物印刷　大日本印刷
製本所　　大口製本

定価はカバーに表示してあります。
万一、落丁・乱丁の場合は小社製作部宛お送り下さい。
送料小社負担でお取替え致します。

ISBN978-4-16-660620-7

◆社会と暮らし

同級生交歓 文藝春秋編
現代広告の読み方 佐野山寛太
ウェルカム・人口減少社会 藤正 巖 古川俊之
流言とデマの社会学 廣井 脩
この国が忘れていた正義 中嶋博行
少年犯罪実名報道 髙山文彦編著
週刊誌風雲録 高橋呉郎
天晴れ！筑紫哲也NEWS23 中宮 崇
発明立国ニッポンの肖像 上山明博
リサイクル幻想 武田邦彦
スーツの神話 中野香織
五感生活術 山下柚実
石鹼安全信仰の幻 大矢 勝
慰謝料法廷 大堀昭二
裁判所が道徳を破壊する 井上 薫
交通事故紛争 加茂隆康
臆病者のための株入門 橘 玲
マンションは大丈夫か 小菊豊久
定年前リフォーム 溝口千恵子 三宅玲子
「老いじたく」成年後見制度と遺言 中山二基子
年金無血革命 永富邦雄

＊

日本男児 赤瀬川原平
ペットと日本人 宇都宮直子
ヒトはなぜペットを食べないか 山内 昶
犬と話をつけるには 多和田 悟
動物病院119番 兵藤哲夫 柿川鮎子
伝書鳩 黒岩比佐子
東京バスの旅 中島るみ子 畑中三応子
旅する前の「世界遺産」 佐滝剛弘
おススメ博物館 小泉成史
日本全国 見物できる古代遺跡100 文藝春秋編
戦争遺産探訪 日本編 竹内正浩
囲碁心理の謎を解く 林 道義
雑草にも名前がある 草野双人
名前のおもしろ事典 野口 卓
煙草おもしろ意外史 日本嗜好品アカデミー編
山の社会学 菊地俊朗
北アルプス この百年 菊地俊朗
東京大地震は必ず起きる 片山恒雄
地震から生き延びることは愛 天野 彰
ビルはなぜ建っているか なぜ壊れるか 望月 重
サンカの真実 三角寛の虚構 筒井 功
はじめての部落問題 角岡伸彦
民俗誌・女の一生 野本寛一
斎藤佑樹くんと日本人 中野 翠
忘年会 園田英弘
日本刀 小笠原信夫
風水講義 三浦國雄
戦争を知らない人のための靖国問題 上坂冬子
これでは愛国心が持てない 上坂冬子
今は昔のこんなこと 佐藤愛子

◆考えるヒント

常識「日本の論点」　『日本の論点』編集部編
10年後の日本　『日本の論点』編集部編
10年後のあなた　『日本の論点』編集部編
論争　格差社会　文春新書編集部編
大丈夫な日本　福田和也
孤独について　中島義道
性的唯幻論序説　岸田　秀
唯幻論物語　岸田　秀
愛国心の探求　篠沢秀夫
カルトか宗教か　竹下節子
麻原彰晃の誕生　髙山文彦
民主主義とは何なのか　長谷川三千子
寝ながら学べる構造主義　内田　樹
私家版・ユダヤ文化論　内田　樹
団塊ひとりぼっち　山口文憲
やさしいお経の話　小島寅雄

お坊さんだって悩んでる　玄侑宗久
平成娘巡礼記　月岡祐紀子
種田山頭火の死生　渡辺利夫
生き方の美学　中野孝次
自分でえらぶ往生際　大沢周子
さまよう死生観　宗教の力　久保田展弘
覚悟としての死生学　難波紘二
心中への招待状　華麗なる恋愛死の世界　小林恭二
なぜ日本人は賽銭を投げるのか　新谷尚紀
占いの謎　板橋作美
京のオバケ　真矢　都
京都人は日本一薄情か　落第小僧の京都案内　倉部きよたか
金より大事なものがある　東谷　暁

*

小論文の書き方　猪瀬直樹
勝つための論文の書き方　鹿島　茂
面接力　梅森浩一
発信力　頭のいい人のサバイバル術　樋口裕一

誰か「戦前」を知らないか　山本夏彦
百年分を一時間で　山本夏彦
男女の仲　山本夏彦
「秘めごと」礼賛　坂崎重盛
人ったらし　亀和田　武
わが人生の案内人　澤地久枝
植村直己　妻への手紙　植村直己
植村直己、挑戦を語る　文藝春秋編
結婚の科学　木下栄造
成功術　時間の戦略　鎌田浩毅
人生後半戦のポートフォリオ　水木　楊
東大教師が新入生にすすめる本　文藝春秋編
随筆　本が崩れる　草森紳一
明治人の教養　竹田篤司
行蔵は我にあり　出久根達郎
百貌百言　出久根達郎
日本人の遺訓　桶谷秀昭
迷ったときの聖書活用術　小形真訓

(2007. 11) D

文春新書好評既刊

内田 樹《たつる》
私家版・ユダヤ文化論

ユダヤ人はどうして知性的なのか？ なぜ、ユダヤ人は迫害されるのか？ レヴィナスらの思想を検討し難問に挑む。小林秀雄賞受賞

519

井上章一
夢と魅惑の全体主義

ヒトラー、ムソリーニ……独裁者たちが「建築」へ託した情熱と夢に、建築家はいかに応えたか。そして日本ファシズムの正体とは？

526

青野慶久
ちょいデキ！

達人仕事術より、誰でもできる簡単仕事術。IT企業サイボウズ社長が、少しだけデキるビジネスパーソンになるための技を伝授する

591

亀和田 武
人ったらし

吉行淳之介からアントニオ猪木まで――会った瞬間、相手の心をトロトロにする「人ったらし」の魅力に迫る珠玉のストリート人間学

597

伴田良輔
巨匠の傑作パズルベスト100

二十世紀初頭に大ブームを巻き起こした、サム・ロイド、デュードニー作成のパズル問題を再現。百年前のパズルは今解いても面白さ抜群

615

文藝春秋刊